DIEVO JĖGA

*Nuo amžių negirdėta,
kad kas būtų
atvėręs aklo gimusio akis!
Jei šitas nebūtų iš Dievo,
jis nebūtų galėjęs
nieko panašaus padaryti.
(Evangelija pagal Joną 9, 32-33)*

DIEVO JĖGA

Dr. Jaerock Lee

DIEVO JĖGA by Dr. Jaerock Lee
Published by Urim Books (Representative: Johnny. H. Kim)
235-3, Guro-dong 3, Guro-gu, Seoul, Korea
www.urimbooks.com

Visos teisės saugomos. Šios knygos ar jos dalių panaudojimas bet kokia forma, saugoma paieškos sistemoje, arba perduodama bet kokia forma ir bet kokiomis priemonėmis – elektroninėmis, mechaninėmis, fotokopijų, įrašų ar kitomis – be išankstinio raštiško leidėjo sutikimo yra draudžiamas.

Visos Šventojo Rašto citatos paimtos iš tinklavietės
RUBŠIO IR KAVALIAUSKO BIBLIJA, LBD ekumeninis leidimas 1999 m.
© Lietuvos Biblijos draugija, 1999.
© Lietuvos Vyskupų Konferencija, 1999.

Copyright © 2009 by Dr. Jaerock Lee
ISBN: 979-11-263-1185-9 03230
Translation copyright © 2005 by Dr. Esther K. Chung. Used by permission.

Urim Books išleista korėjiečių kalba 2004 m.

Pirmas leidimas 2005 m. rugsėjis
Antras leidimas 2009 m. rugpjūtis

Redaktorė Dr. Geumsun Vin
Leidėjas Editorial Bureau of Urim Books
Daugiau informacijos: urimbook@hotmail.com

Įžanga

Meldžiuosi, kad per Dievo Kūrėjo jėgą ir Jėzaus Kristaus evangeliją visi žmonės patirtų uždegantį Šventosios Dvasios veikimą...

Dėkoju Dievui Tėvui, kuris palaimino mus, leisdamas išleisti viena knyga paskaitas iš vienuolikto specialaus dviejų savaičių prabudimo seminaro, pavadinto „Jėga", vykusio 2003 metų gegužę, kuriame daugybė liudijimų pašlovino Dievą.

Nuo 1993 m., praėjus dešimtmečiui nuo Manmin centrinės bažnyčios įkūrimo, Dievas pradėjo ugdyti jos narius, kad jie įgytų tikrą tikėjimą ir taptų dvasiniais žmonėmis per kasmetinius specialius prabudimo seminarus, trunkančius dvi savaites.

1999 m. seminare „Dievas yra meilė" Jis išbandė mus palaiminimais, kad Manmin bažnyčios nariai suprastų tikros evangelijos reikšmę, įvykdytų įstatymą meile ir taptų panašūs į mūsų Viešpatį, kuris parodė stebuklingą galią.

Naujo tūkstantmečio aušroje 2000 metais, norėdamas, kad

žmonės visame pasaulyje patirtų Dievo Kūrėjo jėgą, Jėzaus Kristaus evangeliją ir ugningą Šventosios Dvasios veikimą, Dievas palaimino mus, leisdamas tiesiogiai transliuoti prabudimo seminarą per Moogoonghwa palydovą ir internetą. 2003 metais maždaug 300 Korėjos bažnyčių ir penkiolikos šalių atstovai dalyvavo prabudimo seminare.

Dievo jėga bando supažindinti su procesu, kuriame žmogus susitinka Dievą ir gauna atitinkamą laipsnį Jo jėgos, Kūrėjo aukščiausios galios, kuri pranoksta sukurto žmogaus galimybių ribas ir veikia Jo numatytose vietose.

Dievo Kūrėjo jėga nužengia ant žmogaus tiek, kiek jis tampa panašus į Dievą, kuris yra šviesa. Be to, kai žmogus tampa viena dvasia su Dievu, jis gali parodyti Jėzaus galią, nes Evangelijoje pagal Joną 15, 7 mūsų Viešpats sako: „Jei pasiliksite manyje ir mano žodžiai pasiliks jumyse, jūs prašysite, ko tik norėsite, ir bus jums suteikta."

Aš asmeniškai patyriau džiaugsmą ir laimę, kai buvau po septynerių metų išlaisvintas iš ligų ir agonijos, kad tapčiau panašiu į Viešpatį tarnu, turinčiu Jo jėgą, pasninkavau ir meldžiausi daug dienų ir kartų po pašaukimo tapti Viešpaties tarnu. Jėzus sako mums Evangelijoje pagal Morkų 9, 23: „Jei ką gali'?! Tikinčiam viskas galima!". Aš taip pat patikėjau Jėzaus pažadu: „[Bet kas] kas mane tiki, darys darbus, kuriuos aš darau, ir dar už juos didesnių, nes aš keliauju pas Tėvą " (Evangelija pagal Joną 14, 12). Prabudimo seminaruose Dievas parodė mums kvapą gniaužiančių ženklų ir stebuklų, suteikė daugybę išgydymų ir atsakymų į maldas. 2003 metais antrą prabudimo seminaro savaitę Dievas parodė savo jėgą akliesiems, negalintiems vaikščioti, kurtiesiems ir nebyliams.

Nors medicinos mokslas daug pasiekė ir toliau žengia į priekį, apakusiems ar apkurtusiems žmonėms beveik neįmanoma pasveikti. Tačiau visagalis Dievas parodė savo jėgą, ir kai aš meldžiausi sakykloje, nužengusi dieviška kūrimo jėga atgaivino negyvus nervus bei ląsteles, ir žmonės atgavo regėjimą, klausą ir kalbėjimą. Taip pat kuprotieji atsitiesė, ir žmonės su sustingusiais sąnariais paliko savo ramentus, lazdas bei neįgaliųjų vežimėlius ir atsistojo, šokinėjo ir vaikščiojo.

Stebuklingas Dievo veikimas peržengia laiko ir erdvės ribas. Žmonės, kurie dalyvavo prabudimo seminaruose per palydovinę transliaciją arba internetą, taip pat patyrė Dievo jėgą, ir jų liudijimai pasiekia mus dar ir šiandien.

Todėl paskaitos iš 2003 m. prabudimo seminaro, kuriame daugybė žmonių buvo atgimdyti tiesos žodžiu, gavo naują gyvenimą, išgelbėjimą, atsakymus į maldas, buvo išgydyti, patyrė Dievo jėgą ir iš širdies šlovino Jį, buvo išleistos viena knyga.

Ypatingai dėkoju Geumsun Vin, vyriausiajai redaktorei ir jos darbuotojams bei vertimų biurui už jų uolų darbą ir pasišventimą.

Tegul kiekvienas iš jūsų patiria Dievo Kūrėjo jėgą, Jėzaus Kristaus evangeliją ir ugningą Šventosios Dvasios veikimą, kad džiaugsmas ir laimė trykšte trykštų jūsų gyvenime – meldžiu viso šito Viešpaties vardu!

Jaerock Lee

Pratarmė

Būtina perskaityti šią knygą, iš esmės paaiškinančią, kaip įgyti tikrą tikėjimą ir patirti nuostabią Dievo jėgą

Dėkoju Dievui už tai, kad palaimino mus, leisdamas išleisti viena knyga paskaitas iš vienuolikto specialaus dviejų savaičių prabudimo seminaro, vykusio 2003 metų gegužę, kuriame veikė didinga ir stebuklinga Dievo jėga.

„Dievo jėga" apgaubia malone ir perveria kaip aštri strėlė, tai devynios paskaitos iš prabudimo seminaro „Jėga" ir žmonių, tiesiogiai patyrusių gyvojo Dievo ir Jėzaus Kristaus evangelijos jėgą, liudijimai.

Pirmas skyrius „Tikėjimas Dievu" kalba apie Dievo tapatybę, apie tai, kas yra tikėjimas Juo, ir kaip mums susitikti su Juo ir patirti Jį.

Antras skyrius „Tikėjimas Viešpačiu" pasakoja apie Jėzaus atėjimą į žemę, kodėl Jėzus yra mūsų Gelbėtojas, kodėl mes gauname išgelbėjimą ir atsakymus į maldas, kai tikime į Viešpatį

Jėzų.

Trečias skyrius „Nuostabesnis už brangakmenį indas" aiškina, kaip tapti brangiu, kilniu, tauriu ir nuostabiu indu Dievo akyse, ir pasakoja apie palaiminimus nužengiančius ant tokio indo.

Ketvirtas skyrius „Šviesa" kalba apie dvasinę šviesą, kaip mums susitikti Dievą, kuris yra šviesa, ir palaiminimus, kuriuos gauname gyvendami šviesoje.

Penktame skyriuje „Šviesos galia" paaiškinti keturi skirtingi Dievo jėgos lygmenys, pasireiškiantys žmonėse per šviesos spalvas, ir pateikti liudijimai apie įvairius išgydymus, įvykusius visuose lygmenyse. Jūs sužinosite apie Dievo Kūrėjo aukščiausiąją jėgą, neribotą Dievo galią ir būdus, kuriais galime gauti šviesos jėgos.

Pagrįstas aklojo, susitikusio Jėzų, praregėjimo procesu ir atgavusių regėjimą žmonių liudijimais šeštas skyrius „Aklieji praregės" padės suprasti Dievo kūrėjo jėgą.

Septintas skyrius „Žmonės kelsis, šokinės ir vaikščios" pasakoja, kaip draugų atneštas pas Jėzų paralyžiuotasis pakyla ir eina. Taip pat šiame skyriuje skaitytojai sužinos apie įvairių rūšių tikėjimo darbus, kuriuos jie turi parodyti Dievui, kad šiandien patirtų Jo jėgą.

Aštuntas skyrius „Žmonės džiaugsis, šoks ir giedos" analizuoja įvykį, kurio metu išgijo nebylys, atėjęs pas Jėzų, ir parodo, kai mums šiandien patirti tokią galią.

Paskutiniame, devintame skyriuje „Dievo apreikšta ateitis" surašytos pranašystės apie paskutines dienas ir Dievo planą

Manmin centrinei bažnyčiai – pats Dievas apreiškė tai po Manmin bažnyčios įkūrimo daugiau kaip prieš dvidešimt metų.

Tegul daugybė žmonių per šią knygą įgyja tikrą tikėjimą, patiria Dievo Kūrėjo jėgą, tampa Šventosios Dvasios indais ir vykdo Jo valią, meldžiu mūsų Viešpaties Jėzaus Kristaus vardu!

Geumsun Vin,
vyriausioji redaktorė

Turinys

1 skyrius

Tikėjimas Dievu (Laiškas hebrajams 11, 3) · 1

2 skyrius

Tikėjimas Viešpačiu (Laiškas hebrajams 12, 1-2) · 25

3 skyrius

(Antras laiškas Timotiejui 2, 20-21) · 47

4 skyrius

Šviesa (Jono pirmas laiškas 1, 5) · 67

5 skyrius

Šviesos galia (Jono pirmas laiškas 1, 5) · 85

6 skyrius

Aklieji praregės (Evangelija pagal Joną 9, 32-33) · 117

7 skyrius

Žmonės kelsis, šokinės ir vaikščios

(Evangelija pagal Morkų 2, 3-12) · 135

8 skyrius

Žmonės džiaugsis, šoks ir giedos

(Evangelija pagal Morkų 7, 31-37) · 157

9 skyrius

Dievo apreikšta ateitis

(Pakartoto Įstatymo knyga 26, 16-19) · 179

1 skyrius
Tikėjimas Dievu

Laiškas hebrajams 11, 3

*Tikėjimu suvokiame,
kad pasauliai buvo sutverti
Dievo žodžiu, būtent iš neregimybės
atsirado regima*

Nuo pirmojo kasmetinio specialaus dviejų savaičių prabudimo seminaro, surengto 1993 metų gegužę, labai daug žmonių tiesiogiai patyrė juose augančią Dievo jėgą ir nuostabius darbus, per kuriuos buvo išgydytos ligos, kurių negali išgydyti šiuolaikinė medicina, ir išspręstos problemos, kurių mokslas negali išspręsti. Paskutinius septyniolika metų, kaip parašyta Evangelijoje pagal Morkų 16, 20, Dievas patvirtina savo žodį lydimaisiais ženklais.

Dievas per gilius pamokslus apie tikėjimą, teisumą, kūną ir dvasią, gėrį ir šviesą, meilę ir kitus dalykus atvedė daug Manmin bažnyčios narių į gilesnę dvasinę karalystę. Be to, kiekviename prabudimo seminare leido mums tapti Jo jėgos darbų liudytojais, ir mūsų prabudimo seminarai išgarsėjo visame pasaulyje.

Jėzus sako mums Evangelijoje pagal Morkų 9, 23: „Jei ką gali'?! Tikinčiam viskas galima!". Jeigu turime tikrą tikėjimą, mums nieko nėra neįmanomo, ir mes gauname, ko tik prašome.

Tuomet kuo ir kaip mums tikėti? Jeigu mes neteisingai pažįstame ir tikime Dievą, nepatiriame Jo jėgos, ir mums sunku gauti atsakymus į maldas. Todėl be galo svarbu teisingai suprasti ir tikėti Dievą.

Kas yra Dievas?

Pirma, Dievas yra šešiasdešimt šešių Biblijos knygų autorius. Antras laiškas Timotiejui 3, 16 primena, kad „Visas Raštas yra Dievo įkvėptas." Biblija turi šešiasdešimt šešias knygas, kurias užrašė trisdešimt keturi žmonės per 1600 metų. Nuostabiausias visų Biblijos knygų aspektas yra tai, jog nepaisant fakto, kad jas rašė daug skirtingų žmonių, kurie gyveno skirtingais šimtmečiais, jos nuo pirmos iki paskutinės yra susijusios viena su kita. Kitaip tariant, Biblija yra Dievo žodis, užrašytas Jo įkvėptų skirtingų žmonių, kuriuos Dievas išsirinko skirtingais istorijos laikotarpiais ir taip apreiškė save. Todėl kas tiki, kad Biblija yra Dievo žodis ir paklūsta jam, patiria Jo pažadėtus palaiminimus ir malonę.

Dievas yra „Aš esu, kuris esu" (Išėjimo knyga 3, 14). Skirtingai nuo stabų, žmogaus vaizduotės sukurtų ir jo rankomis išdrožtų, mūsų Dievas yra tikras Dievas, kuris buvo prieš amžinybę ir bus amžinai. Be to, mes žinome, kad Dievas yra meilė (Jono pirmas laiškas 4, 16), šviesa (Jono pirmas laiškas 1, 5) ir visų teisėjas pasaulio pabaigoje.

Tačiau visų svarbiausia atsiminti, kad Dievas savo stulbinančia jėga sukūrė dangų, žemę ir viską, kas yra juose. Jis yra Visagalis, kuris akivaizdžiai rodo savo stebuklingą jėgą nuo Sukūrimo pradžios iki šios dienos.

Visų dalykų Kūrėjas

Pradžios knygoje 1, 1 parašyta, kad „Pradžioje Dievas sukūrė dangų ir žemę." Laiškas hebrajams 11, 3 sako: „Tikėjimu suvokiame, kad pasauliai buvo sutverti Dievo žodžiu, būtent iš neregimybės atsirado regima."

Laiko pradžioje viskas visatoje buvo sukurta iš tuštumos Dievo jėga. Savo galia Dievas sukūrė saulę ir mėnulį danguje, augalus, medžius, paukščius ir žvėris, žuvis jūroje ir žmoniją.

Nepaisant šio fakto, daug žmonių netiki Dievu Kūrėju, nes sukūrimo idėja per daug prieštarauja žinioms, kurias jie įgijo pasaulyje. Pavyzdžiui, tokiems žmonėms atrodo neįmanoma patikėti, kad visi dalykai visatoje buvo sukurti iš tuštumos, Dievui įsakius.

Todėl buvo sugalvota evoliucijos teorija. Evoliucijos teorijos šalininkai teigia, kad gyvi organizmai atsirado atsitiktinai, vystėsi ir dauginosi. Jeigu žmonės neigia, kad Dievas sukūrė visatą, jie netiki ir visomis kitomis Biblijos tiesomis. Jie negali patikėti dangaus ir pragaro buvimu todėl, kad niekada ten nebuvo, ir Dievo Sūnumi, kuris gimė žmogumi, mirė, prisikėlė ir įžengė į dangų.

Tačiau mokslui žengiant į priekį, atsiskleidžia evoliucijos teorijos klaidingumas, ir daugėja argumentų, pagrindžiančių sukūrimą. Nors ir negalime pateikti ilgo mokslinių įrodymų sąrašo, nesuskaitoma daugybė dalykų liudija apie sukūrimą.

Akivaizdūs faktai, leidžiantys tikėti Dievu Kūrėju

Pasaulyje yra virš dviejų šimtų šalių ir dar daugiau skirtingų etninių grupių. Tačiau ir baltaodžiai, ir juodaodžiai, ir geltonodžiai turi po dvi akis. Visi turi po dvi ausis, vieną nosį ir dvi šnerves. Ir ne tik žmonės, bet ir žvėrys žemėje, paukščiai danguje ir žuvys jūrose. Labai didelis ir ilgas dramblio straublys taip pat turi tik dvi šnerves. Visi žmonės, žvėrys, paukščiai ir žuvys turi po vieną burną, ir jos vieta kūne yra identiška. Skirtingų gyvūnų rūšių organų išsidėstyme būna nedidelių skirtumų, bet dažniausiai jų sandara ir pozicija nesiskiria.

Ar visa tai galėjo įvykti „atsitiktinai"? Tai tvirtas įrodymas, kad Vienas Kūrėjas sukūrė ir padarė visus žmones, žvėris, paukščius ir žuvis. Jeigu kūrėjų būtų buvę daugiau, gyvų būtybių išvaizda ir sandara skirtųsi pagal kūrėjų skaičių ir pomėgius. Tačiau mūsų Dievas yra vienintelis Kūrėjas, todėl visos gyvos būtybės buvo sukurtos pagal tą patį projektą.

Be to, nesuskaičiuojama daugybė įrodymų gamtoje ir visatoje ragina mus tikėti, kad Dievas viską sukūrė. Laiške romiečiams 1, 20 parašyta: „Jo neregimosios ypatybės – jo amžinoji galybė ir dievystė – nuo pat pasaulio sukūrimo aiškiai suvokiamos protu iš jo kūrinių, taigi jie nepateisinami," Dievas viską sukūrė taip, kad Jo buvimas negali būti paneigtas ar atmestas.

Habakuko knygoje 2, 18-19 Dievas mums sako: „Ką padės stabas, meistro padarytas, lietas paveikslas ir melo mokytojas? Meistras pasitiki savo darbu, nors jo kūrinys yra tik stabas, negalintis žodžio ištarti! Vargas tam, kuris taria rąstagaliui: „Pabusk!" ir kurčiam akmeniui: „Kelkis!" Ar jis gali pamokyti? Įsižiūrėk! Auksu ir sidabru aptrauktas, tačiau gyvybės alsavimo jis neturi." Jeigu kas nors iš jūsų tarnavo stabams ar tikėjo jais, nepažindamas Dievo, turite nuoširdžiai atgailauti už savo nuodėmes ir atiduoti savo sulūžusią širdį Dievui.

Biblijoje aprašyti įvykiai liudija, kad Dievas yra Kūrėjas

Daug žmonių netiki Dievu, nepaisydami juos supančių nesuskaičiuojamų Dievo buvimo įrodymų. Todėl akivaizdžiai rodydamas savo jėgą Dievas paliko mums nepaneigiamų savo buvimo įrodymų. Stebuklais, kurių žmogus negali padaryti, Dievas įtikino žmoniją savo buvimu ir nuostabiu veikimu.

Biblija pasakoja apie nuostabius įvykius, kuriuose Dievas parodė savo jėgą. Raudonoji jūra buvo perskirta, saulė sustojo arba pasuko atgal, ugnis nužengė iš dangaus. Kartus vanduo dykumoje pavirto į saldų, geriamą vandenį, tryškusį iš uolos. Mirusieji prisikėlė, ligos buvo išgydytos, atrodę pralaimėti mūšiai buvo laimėti.

Kai žmonės tiki visagaliu Dievu ir prašo Jo, patiria neįsivaizduojamos Jo jėgos veikimą. Todėl Dievas užrašė Biblijoje daug įvykių, kuriuose naudojo savo jėgą, ir laimina mus tikėjimu.

Tačiau su Dievo jėgos veikimu susiduriame ne tik Biblijoje. Dievas yra nesikeičiantis ir per daugybę ženklų, stebuklų bei antgamtiškų darbų šiandien rodo savo jėgą per tikrus tikinčiuosius visame pasaulyje; Ji pažadėjo tai mums. Evangelijoje pagal Morkų 9, 23 Jėzus sako: „Jei ką gali'?! Tikinčiam viskas galima!" Evangelijoje pagal Morkų 16, 17-18 parašyta: „Kurie įtikės, tuos lydės ženklai: mano vardu jie išvarinės demonus, kalbės naujomis kalbomis, ims plikomis rankomis gyvates ir, jei išgertų mirštamų nuodų, jiems nepakenks. Jie dės rankas ant ligonių, ir tie pasveiks."

Akivaizdus Dievo jėgos veikimas Manmin centrinėje bažnyčioje

Manmin centrinėje bažnyčioje, kurioje tarnauju,

*"Kokia buvau dėkinga,
kai Tu išgelbėjai man gyvybę...
Galvojau, kad vaikščiosiu su ramentais
visą likusį gyvenimą...*

*Dabar aš einu be jų...
Tėve, Tėve, ačiū Tau!"*

Diakonė Johanna Park
turėjusi neišgydomą negalumą,
numetė ramentus ir eina,
pasimeldus už ją

būdamas vyriausiuoju pastoriumi, nuolat veikia Dievo Kūrėjo jėga, nes mes stengiamės nunešti evangeliją iki pasaulio pakraščių. Nuo įkūrimo 1982 metais iki šios dienos Manmin bažnyčia atvedė nesuskaičiuojamą daugybę žmonių į išganymo kelią su Dievo kūrėjo jėga. Svarbiausias Jo jėgos darbas yra ligų ir negalių išgydymas. Daug žmonių su „neišgydomomis" ligomis, įskaitant vėžį, tuberkuliozę, paralyžių, cerebrinį paralyžių, išvaržas, artritą, leukemiją ir kitas, buvo išgydyti. Demonai buvo išvaryti, luošieji atsistojo ir ėmė vaikščioti bei bėgioti, paralyžiuotieji po įvairių nelaimingų atsitikimų pasveiko. Iš karto po maldos žmonės su stipriai nudegimais buvo išgydyti, ir neliko jokių baisių randų. Kiti, kurių kūnai buvo jau sustingę, kurie neturėjo sąmonės po kraujo išsiliejimo į smegenis ar buvo apsinuodiję dujomis, akimirksniu atsigavo. Dar kiti, kurie jau nebekvėpavo, atgijo po maldos.

Daug kitų, kurie neturėjo vaikų, praėjus penkeriems, septyneriems, dešimčiai ir net dvidešimčiai metų po vestuvių, buvo palaiminti ir susilaukė vaikų, pasimeldus už juos. Daugybė kurčiųjų, aklųjų ir nebylių šlovino Dievą,

„Trokštu eiti su Tavimi,
Tėve, bet kas bus su mano mylimaisiais
kai aš išeisiu?
Viešpatie, jeigu duosi man naują gyv[enimą]
pašvęsiu jį Tau..."

Elder Moonki Kim,
netikėtai apalpęs
nuo apopleksijos priepuolio,
atgauna sąmonę ir atsistoja
po Dr. Jaerock Lee maldos

atgavę sveikatą maldos už juos metu.

Mokslas ir medicina didžiuliais žingsniais žengia į priekį šimtmetis po šimtmečio, bet negali atgaivinti negyvų nervų ir išgydyti įgimto aklumo ar kurtumo. Tačiau visagalis Dievas gali viską, nes Jis kuria iš nieko.

Aš taip pat patyriau visagalio Dievo jėgą. Buvau prie mirties slenksčio septynerius metus, prieš įtikėdamas į Jį. Sirgau visu savo kūnu, išskyrus akis, todėl buvau vadinamas „ligų sandėliu." Manęs neišgydė nei Rytų, nei Vakarų medicina, išbandžiau vaistus nuo raupsų, visokiausias žoleles, meškų ir šunų tulžį, šimtakojus ir net nuotekų vandenį. Dėjau visas pastangas per tuos ilgus septynerius agonijos metus, bet negalėjau pasveikti. Kai buvau visiškai viskuo nusivylęs, 1974 metų pavasarį patyriau neįtikėtiną dalyką. Aš susitikau Dievą, ir Jis išgydė visas mano ligas ir negalias. Nuo to laiko Dievas visada saugojo mane, ir aš niekada nebesirgau. Net jeigu pajusdavau negalavimą kokioje nors savo kūno dalyje, pasimelsdavau su tikėjimu ir iš karto pasveikdavau.

Žinau, kad be manęs ir mano šeimos daug Manmin bažnyčios narių nuoširdžiai tiki visagaliu Dievu ir todėl yra visada sveiki ir nepriklausomi nuo vaistų. Atsidėkodami už Dievo Gydytojo parodytą malonę daugelis pasveikusių žmonių dabar tarnauja bažnyčioje, būdami ištikimi Dievo tarnai, vyresnieji, diakonai, diakonės ir darbuotojai.

Dievo jėga neapsiriboja ligų ir negalių gydymu. Nuo Manmin bažnyčios įkūrimo 1982 metais daug jos narių matė, kaip tikėjimo Dievo jėga malda suvaldo oro sąlygas, sustabdydama smarkų lietų, pridengdama Manmin bažnyčios narius debesimis karštą vasaros dieną, sustabdymas taifūnus arba priversdama juos pakeisti judėjimo kryptį. Pavyzdžiui, kiekvieną liepą ir rugpjūtį rengiame bažnyčios iškylas. Net kai visa Pietų Korėja kenčia nuo taifūnų ir potvynių, tos šalies vietovės, kuriose vyksta mūsų iškylos, dažniausiai išvengia liūčių ir gaivalinių nelaimių. Taip pat daug Manmin bažnyčios narių nuolat mato vaivorykštes, net kai nebūna lietaus.

Dievo jėga turi dar vieną nuostabią savybę. Ji veikia net

tada, kad netiesiogiai meldžiuosi už ligonius. Daugybė žmonių šlovino Dievą, gavę išgydymą per maldas už ligonius bažnyčioje iš sakyklos bei įrašytas garso kasetėse, transliuojamas internetu ir automatinius atsakymus telefonu.

Apaštalų darbai 19, 11-12 parašyta: „Pauliaus rankomis Dievas padarydavo nepaprastų stebuklų. Žmonės net dėdavo ligoniams jo kūną lietusias skepetėles, prijuostes, ir nuo jų pasitraukdavo ligos, išeidavo piktosios dvasios." Panašiai per skepetaites, už kurias meldžiausi, veikia stebuklinga Dievo jėga.

Taip pat, kai už-dedu rankas ant ligonių nuotraukų ir meldžiuosi už juos, išgydymai vyksta visame pasaulyje, įveikdami laiko ir erdvės ribas. Todėl, kai rengiu evangelizacines kampanijas užsienyje, laiko ir erdvės ribas peržengianti Dievo jėga akimirksniu išgydo visokiausias ligas ir negalias, įskaitant mirtiną AIDS.

Dievo jėgos patyrimas

Ar tai reiškia, kad visi tikintys Dievą patiria Jo nuostabią jėgą ir gauna atsakymus į maldas bei palaiminimus? Daug žmonių išpažįsta tikėjimą Dievu, bet ne visi patiria jėgą. Jūs patirsite Jo jėgą tik tada, kai darysite tikėjimo darbus, ir Dievas pripažins: „Žinau, kad tu tiki manimi."

Dievas laiko tikinčiu žmogų, kuris klauso pamokslų ir lanko bažnyčią. Tačiau norėdami turėti tikrą tikėjimą, kuris gydo ir gauna atsakymus į maldas, jūs turite žinoti, kas yra Dievas, kodėl Jėzus yra mūsų Gelbėtojas ir neabejoti dangaus ir pragaro buvimu. Kai suprasite šiuos dalykus, atgailausite už savo nuodėmes, priimsite Jėzų kaip savo Gelbėtoją ir gausite Šventąją Dvasią, jūs įgysite Dievo vaiko teises. Tai pirmas žingsnis į tikrą tikėjimą.

Turintieji tikrą tikėjimą daro jį liudijančius darbus. Dievas mato jų tikėjimo darbus ir atsako į maldas. Kas patiria Jo jėgos veikimą, darbais parodo savo tikėjimą Dievui ir sulaukia Jo pripažinimo.

Įtikimas Dievui tikėjimo darbais

Paimkime kelis pavyzdžius iš Biblijos. Pirmas yra Karalių antros knygos 5-ame skyriuje užrašyta istorija apie Naamaną, karaliaus Aramo kariuomenės vadą. Naamanas patyrė Dievo jėgos veikimą, parodęs tikėjimo darbus, paklusdamas pranašui Eliziejui, per kurį Dievas kalbėjo.

Naamanas buvo įžymus Aramo karalystės generolas. Sirgdamas raupsais Naamanas nuvyko pas Eliziejų išgirdęs, kad jis daro stebuklus. Tačiau kai įtakingas ir garsus generolas Naamanas atvyko pas Eliziejų su daugybe aukso, sidabro ir drabužių, pranašas per pasiuntinį jam pasakė: „Eik ir nusimaudyk Jordano upėje septynis kartus" (10-a eilutė).

Iš pradžių Naamanas supyko, kad pranašas neparodė jam deramos pagarbos. Be to, užuot meldęsis už Naamaną, Eliziejus liepė jam nusimaudyti Jordano upėje. Tačiau Naamanas greitai persigalvojo ir pakluso. Nors Eliziejaus žodžiai nepatiko Naamanui, ir jis nesutiko su jo mintimis, jis pasiryžo bent jau pabandyti paklusti Dievo pranašui.

Kai Naamanas šešis kartus pasinėrė Jordano upėje, nesimatė jokių permainų jo raupsuose. Tačiau kai Naamanas pasinėrė Jordane septintą kartą, jo kūnas tapo švarus kaip mažo berniuko (14-a eilutė).

Dvasiškai vanduo simbolizuoja Dievo žodį. Naamano pasinėrimas Jordano upėje reiškia, kad per Dievo žodį jis buvo apvalytas nuo nuodėmių. Be to, skaičius septyni reiškia tobulumą; Naamano pasinėrimas upėje septynis kartus reiškia, kad jis gavo visišką nuodėmių atleidimą.

Jeigu norime, kad Dievas atsakytų į mūsų maldas, mes taip pat turime nuoširdžiai atgailauti už visas savo nuodėmes kaip Naamanas. Tačiau atgaila nesibaigia vien pasakymu: „Aš atgailauju. Pasielgiau blogai." Mes turime „persiplėšti širdis" (Joelio knyga 2, 13). Be to, kai mes nuoširdžiai atgailaujame už savo nuodėmes, turime pasiryžti niekada nebedaryti tų pačių nuodėmių. Tik tada siena tarp mūsų ir Dievo bus sugriauta, džiaugsmas trykš iš vidaus, mūsų problemos bus išspręstos, ir mes gausime, ko trokšta mūsų širdis.

Antras pavyzdys yra Karalių pirmos knygos 3-ame skyriuje: karalius Saliamonas atnašavo Dievui tūkstantį deginamųjų aukų. Šiomis aukomis Saliamonas rodė savo tikėjimo darbus, kad būtų Dievo išklausytas, todėl jis gavo iš Dievo ne tik tai, ko prašė, bet ir tai, ko neprašė.

Saliamonas turėjo parodyti daug pasišventimo, kad atnašautų po tūkstantį deginamųjų aukų. Kiekvienam aukojimui karalius turėjo paruošti gyvulius. Ar įsivaizduojate, kiek laiko, pastangų ir pinigų kainavo tūkstančio aukų atnašavimas? Karalius Saliamonas nebūtų galėjęs parodyti tokio atsidavimo, jeigu nebūtų tikėjęs gyvuoju Dievu.

Matydamas Saliamono pasišventimą Dievas davė jam ne tik išmintį, kurios karalius prašė, bet ir turtus bei garbę – jo gyvenimo metu joks kitas karalius jam neprilygo.

Trečias pavyzdys yra Evangelijos pagal Matą 15-ame skyriuje. Tai pasakojimas apie sirofinikietę moterį, kurios duktė buvo demono apsėsta. Ji atėjo pas Jėzų su nuolankia širdimi, atkakliai prašė iš Jėzaus išgydymo, ir galiausiai gavo, ko troško jos širdis. Tačiau moteriai karštai maldaujant, Jėzus neskubėjo sakyti: „Gerai, tavo duktė išgydyta." Jis pasakė: „Nedera imti vaikų duoną ir mesti šunyčiams" (26-a eilutė). Jis palygino moterį su šunimi. Jeigu moteris nebūtų turėjusi tikėjimo, būtų susigėdusi arba be galo supykusi. Tačiau ji turėjo tikėjimą, užtikrinantį Jėzaus atsakymą. todėl nenusivylė ir nenusiminė. Ji dar nuolankiau prašė Jėzaus: „Taip, Viešpatie, bet ir šunyčiai ėda trupinius, nukritusius nuo šeimininko stalo." Tuomet Jėzus, labai džiaugdamasis moters tikėjimu akimirksniu išgydė jos demono kamuojamą dukterį.

Jeigu norime būti išgydyti ir gauti atsakymus į maldas, turime parodyti tikėjimą iki galo. Be to, jeigu turite tikėjimą, kuriuo gaunate Jo atsakymus, privalote fiziškai ateiti pas Dievą.

Žinoma, dėl galingo Dievo jėgos veikimo Manmin centrinėje bažnyčioje, galima patirti išgydymą per skepetaites ar nuotraukas, už kuras aš meldžiausi. Tačiau, jeigu ligonis nėra kritiškoje būklėje ar užsienyje, jis turi pats ateiti pas Dievą. Žmogus patiria Dievo jėgą, tik išgirdęs Jo žodį ir įgijęs tikėjimą. Jeigu žmogus turi proto negalią arba yra demonų apsėstas ir negali ateiti pas Dievą su savo tikėjimu, tuomet jo tėvai ar kiti giminaičiai kaip sirofinikietė turi už jį ateiti pas Dievą su meile ir tikėjimu.

Biblijoje yra daug daugiau tikėjimo pavyzdžių. Žmogus turintis tikėjimą, užtikrinantį maldų išklausymą, visada kupinas džiaugsmo ir dėkingumo. Evangelijoje pagal Morkų 11, 24 Jėzus sako: „Todėl sakau jums: ko tik melsdamiesi prašote, tikėkite gausią, ir tikrai taip bus." Jeigu turite tikrą tikėjimą, jūs visada džiaugiatės ir dėkojate. Be to, jei išpažįstate tikėjimą Dievu, jūs paklusite Jo žodžiui ir gyvensite pagal jį. Dievas yra šviesa, todėl jūs stengsitės vaikščioti šviesoje ir keistis.

Dievas džiaugiasi mūsų tikėjimo darbais ir suteikia tai, ko trokšta mūsų širdis. Ar jūs turite tokį tikėjimo saiką, kurį Dievas pripažįsta?

Laiškas hebrajams 11,6 mums primena: „Juk be tikėjimo neįmanoma patikti Dievui. Kas artinasi prie Dievo, tam būtina tikėti, kad jis yra ir jo ieškantiems atsilygina."

Tegul visų jūsų teisingas supratimas, kas yra tikėjimas Dievu, ir tikėjimo rodymas darbais įtinka Jam, kad visi jūs patirtumėte Jo jėgą, ir jūsų gyvenimas būtų palaimintas, meldžiu mūsų Viešpaties Jėzaus Kristaus vardu!

2 skyrius
Tikėjimas Viešpačiu

Laiškas hebrajams 12, 1-2

*Todėl ir mes, šitokio debesies liudytojų apsupti,
nusimeskime visas naštas bei nuodėmės pinkles
ir ištvermingai bėkime mums paskirtose lenktynėse,
žiūrėdami į savo tikėjimo vadovą
ir ištobulintoją Jėzų.
Jis vietoj sau priderančių džiaugsmų,
nepaisydamas gėdos,
iškentėjo kryžių ir atsisėdo
Dievo sosto dešinėje*

Šiandien dauguma žmonių yra girdėję vardą „Jėzus Kristus." Tačiau stebėtinai daug žmonių nežino, kodėl Jėzus yra vienintelis žmonijos Gelbėtojas arba kodėl mes gauname išgelbėjimą, tik tikėdami į Jėzų Kristų. Dar blogiau, kad nemažai krikščionių negali atsakyti į šiuos klausimus, tiesiogiai susijusius su išgelbėjimu. Tai reiškia, kad šie krikščionys gyvena Kristuje, nepakankamai suprasdami šių klausimų reikšmę.

Tik kai žinome ir teisingai suprantame, kodėl Jėzus yra vienintelis mūsų Gelbėtojas, ir ką reiškia priimti ir tikėti Jį bei turėti tikrą tikėjimą, patiriame Dievo jėgą.

Kai kurie žmonės laiko Jėzų vienu iš keturių didžiųjų šventųjų. Kiti mano, kad Jis yra krikščionybės įkūrėjas arba didžiadvasiškas žmogus, padaręs labai daug gero.

Tačiau tie, kas tapo Dievo vaikais, turi išpažinti, kad Jėzus yra žmonijos Gelbėtojas, atpirkęs visus žmones iš jų nuodėmių. Ar galima vienatinį Dievo Sūnų Jėzų Kristų lyginti su žmonėmis, tik kūriniais? Net Jėzaus laikais, žmonės skirtingai galvojo apie Jį.

Dievo Kūrėjo Sūnus, Gelbėtojas

Evangelijos pagal Matą 16-ame skyriuje Jėzus paklausė savo mokinių: „Kuo žmonės laiko Žmogaus Sūnų?" (13-a eilutė) Remdamiesi žmonių kalbomis mokiniai atsakė: „Vieni Jonu Krikštytoju, kiti Eliju, kiti Jeremiju ar dar kuriuo iš pranašų" (14-a eilutė). Tuomet Jėzus paklausė savo mokinių: „O kuo jūs mane laikote?" (15-a eilutė) Kai Petras atsakė: „Tu esi Mesijas, gyvojo Dievo Sūnus!" (16-a eilutė), Jėzus pagyrė jį „Palaimintas tu, Simonai, Jonos sūnau, nes ne kūnas ir kraujas tai tau apreiškė, bet mano Tėvas, kuris yra danguje" (17-a eilutė). Matęs daugybę Jėzaus atliktų Dievo jėgos darbų, Petras žinojo, kad Jėzus buvo Dievo Kūrėjo Sūnus ir Kristus, žmonijos Gelbėtojas.

Pradžioje Dievas sukūrė žmogų iš dulkių pagal savo paveikslą ir atvedė jį į Edeno sodą. Ten augo gyvybės medis bei gero ir pikto pažinimo medis. Dievas įsakė pirmajam žmogui Adomui: „Nuo visų sodo medžių tau leista valgyti, bet nuo gero bei pikto pažinimo medžio tau neleista valgyti, nes kai tik nuo jo paragausi, turėsi mirti"(Pradžios knyga 2, 16-17).

Ilgam laikui praėjus, pirmieji vyras ir moteris, Adomas ir Ieva, buvo žalčio, kurį šėtonas pakurstė, gundomi ir nepakluso Dievo įsakymui. Jie valgė nuo gero ir pikto pažinimo medžio ir buvo išvaryti iš Edeno sodo. Adomo ir Ievos palikuonys paveldėjo nuodėmingą prigimtį, tai pirmųjų žmonių nuopuolio pasekmė. Be to, kaip Dievas ir sakė Adomui, kad jis tikrai mirs, visos jo palikuonių dvasios buvo pasmerktos amžinajai mirčiai.

Todėl prieš laiko pradžią Dievas paruošė išgelbėjimo kelią, Dievo Kūrėjo Sūnų Jėzų Kristų. Kaip parašyta Apaštalų darbuose 4, 12: „Ir nėra niekame kitame išgelbėjimo, nes neduota žmonėms po dangumi kito vardo, kuriuo galėtume būti išgelbėti," be Jėzaus Kristaus niekas kitas pasaulio istorijoje negalėjo būti žmonijos Gelbėtoju.

Slėpininga Dievo išmintis, kurią Jis paslėpė prieš laiko pradžią

Pirmas laiškas korintiečiams 2, 6-9 mums sako: „Tiesa, tobuliesiems mes skelbiame išmintį, tačiau tai ne šio pasaulio ir ne praeinančių šio pasaulio valdovų išmintis. Mes skelbiame slėpiningą ir paslėptą Dievo išmintį, kurią Dievas yra nuo amžių paskyręs mums išaukštinti. Jos nepažino jokie šio pasaulio valdovai, nes, jei būtų pažinę, nebūtų šlovės Viešpaties nukryžiavę. Bet skelbiame, kaip parašyta: Ko akis neregėjo, ko ausis negirdėjo, kas žmogui į mintį neatėjo, tai paruošė Dievas tiems, kurie jį myli."

Turime suprasti, kad Dievo prieš laiko pradžią paruoštas kelias į išgelbėjimą yra Jėzaus Kristaus Kryžiaus kelias, ir tai yra Dievo išmintis, kuri buvo paslėpta.

Būdamas Kūrėju Dievas valdo visatą ir žmonijos istoriją. Valstybės karalius arba prezidentas valdo savo šalį pagal jos įstatymus; generalinis direktorius valdo savo korporaciją pagal bendrovės įstatus; šeimos galva rūpinasi savo mylimaisiais pagal šeimos taisykles. Taip pat ir Dievas, būdamas visatos valdovu, valdo ją pagal dvasinės karalystės įstatymą, paskelbtą Biblijoje.

Dvasinės karalystės įstatymas „Atpildas už nuodėmę mirtis" (Laiškas romiečiams 6, 23) baudžia kaltuosius, bet leidžia atpirkti mus iš nuodėmių. Todėl Dievas panaudojo atpirkimo iš nuodėmių įstatymą, kad sugrąžintų mums valdžią, atiduotą priešui velniui per Adomo nepaklusnumą.

Pagal kokį įstatymą žmonija galėjo būti atpirkta ir atgauti valdžią, pirmojo žmogaus Adomo perleistą priešui velniui? Pagal žemės atpirkimo įstatymą. Dievas paruošė žmonijos išgelbėjimo prieš laiko pradžią.

Jėzus Kristus atitinka žemės atpirkimo įstatymo reikalavimus

Dievas davė izraelitams žemės atpirkimo įstatymą, kuris skelbė, kad žemė negali būti parduota visam laikui, ir jei nuskurdęs žmogus parduoda savo žemę, jo artimiausias giminaitis arba jis pats vėliau gali atpirkti žemę ir susigrąžinti jos nuosavybę (Kunigų knyga 25, 23-28).

Dievas iš anksto žinojo, kad Adomas iš savo nepaklusnumo perleis iš Dievo gautą valdžią velniui. Be to, būdamasis tikras visatos valdovas Dievas perdavė velniui Adomo turėtą valdžią ir šlovę pagal dvasinės karalystės įstatymą. Todėl velnias, gundydamas Jėzų Evangelijos pagal Luką 4-ame skyriuje, parodė Jam visas pasaulio karalystes ir pasakė: „Duosiu tau visą jų valdžią ir didybę; jos man atiduotos, ir kam noriu, tam jas dovanoju. " (Evangelija pagal Luką 4, 6).

Pagal žemės atpirkimo įstatymą visos žemės priklauso Dievui. Todėl žmogus negali parduoti jų visam laikui ir, kai atsiranda įstatymo reikalavimus atitinkantis asmuo, parduotos žemės turi būti jam grąžintos. Lygiai taip pat viskas, kas yra visatoje, priklauso Dievui, todėl Adomas negalėjo „parduoti" savo valdžios visam laikui, ir velnias negali turėti jos amžinai. Kai atsirado asmuo, galintis atpirkti Adomo prarastą valdžią, priešas velnias neturėjo kito pasirinkimo ir atidavė iš Adomo gautą valdžią.

Teisingasis Dievas prieš laiko pradžią paruošė nepeiktiną žmogų atitinkantį, visus žemės atpirkimo reikalavimus, žmonijos išganymo kelią – Jėzų Kristų.

Kaip pagal žemės atpirkimo įstatymą Jėzus Kristus galėjo atpirkti valdžią, perduotą priešui velniui? Tik įvykdęs keturis reikalavimus Jėzus galėjo atpirkti žmonijos nuodėmes ir sugrąžinti priešui velniui atiduotą valdžią.

Pirma, atpirkėjas turi būti žmogus, Adomo „artimiausias giminaitis."

Kunigų knygoje 25, 25 parašyta: „Jei kas nors iš tavo

giminių patektų į skurdą ir parduotų savo nuosavybės dalį, tai jo artimiausias giminaitis turi ateiti ir atpirkti, ką giminaitis buvo pardavęs." Tik artimiausias giminaitis galėjo atpirkti žemę, todėl Adomo valdžios atpirkėjas turėjo būti žmogus. Pirmame laiške korintiečiams 15, 21-22 parašyta: „Kaip per žmogų atsirado mirtis, taip per žmogų ir mirusiųjų prisikėlimas. Kaip Adome visi miršta, taip Kristuje visi bus atgaivinti." Kitaip tariant, kaip mirtis atsirado per vieno žmogaus nepaklusnumą, mirusios dvasios atgaivinimas turėjo būti atliktas per vieną žmogų.

Jėzus Kristus yra „Žodis tapęs kūnu" ir atėjęs į žemę (Evangelija pagal Joną 1, 14). Jis yra Dievo Sūnus, gimęs kūne su dieviška ir žmogiška prigimtimi. Jo gimimas yra istorinis faktas, kurį patvirtina daug įrodymų. Žmonijos istorija suskirstyta į laikotarpius „pr. Kr." arba „prieš Kristų" ir „po Kr." arba „po Kristaus."

Jėzus Kristus atėjo į pasaulį kūne, Jis artimiausias Adomo

giminaitis ir atitinką pirmąjį reikalavimą.

Antra, atpirkėjas turi nebūti Adomo palikuonis.

Asmuo, galintis sumokėti už kitų nuodėmes, pats turi būti nenusidėjęs. Visi Adomo, tapusio nusidėjėliu per savo nepaklusnumą, palikuonys yra nusidėjėliai. Todėl pagal žemės atpirkimo įstatymą atpirkėjas turi būti ne Adomo palikuonis.

Apreiškime Jonui 5, 1-3 parašyta:

Dar aš regėjau soste Sėdinčiojo dešinėje knygos ritinį, prirašytą iš vidaus ir iš lauko, užantspauduotą septyniais antspaudais. Ir pamačiau galingą angelą, skelbiantį skardžiu balsu: „Kas bus vertas atverti knygą ir nuplėšti nuo jos antspaudus?!" Bet niekas nei danguje, nei žemėje, nei po žeme negalėjo atverti knygos nė pažiūrėti į ją.

Knygos ritinys, užantspauduotas septyniais atspaudais, yra sutartis, sudaryta tarp Dievo ir velnio po Adomo nuopuolio, ir asmuo, „vertas atverti knygą ir nuplėšti nuo jos antspaudus," turi atitikti žemės atpirkimo įstatymo reikalavimus. Kai apaštalas Jonas ieškojo, kas galėtų atverti knygą ir nuplėšti jos antspaudus, jis nieko nerado.

Jonas pažvelgė į dangų, ten buvo angelai, bet žmonių nebuvo. Jis pažvelgė į žemę ir matė tik Adomo palikuonis, vien nusidėjėlius. Pažvelgęs po žeme jis matė tik pragarui pasmerktus nusidėjėlius ir velniui priklausančius padarus. Jonas graudžiai pravirko, nes nebuvo nė vieno, kuris atitiktų žemės atpirkimo įstatymo reikalavimus (4-a eilutė).

Tuomet vienas iš vyresniųjų paguodė Joną: „Neverk! Štai nugalėjo liūtas iš Judo giminės, Dovydo atžala. Jis atvers knygą ir septynis jos antspaudus" (5-a eilutė). „Liūtas iš Judo giminės, Dovydo atžala" yra Jėzus, kilęs iš Judo giminės, Dovydo palikuonis; Jėzus Kristus gali būti atpirkėjas pagal žemės atpirkimo įstatymą.

Evangelija pagal Matą 1:18-21 pasakoja apie mūsų Viešpaties gimimą:

Jėzaus Kristaus gimimas buvo toksai. Jo motina Marija buvo susižadėjusi su Juozapu; dar nepradėjus jiems kartu gyventi, Šventosios Dvasios veikimu ji tapo nėščia. Jos vyras Juozapas, būdamas teisus ir nenorėdamas daryti jai nešlovės, sumanė tylomis ją atleisti. Kai jis nusprendė taip padaryti, per sapną pasirodė jam Viešpaties angelas ir tarė: „Juozapai, Dovydo sūnau, nebijok parsivesti į namus savo žmonos Marijos, nes jos vaisius yra iš Šventosios Dvasios. Ji pagimdys sūnų, kuriam tu duosi Jėzaus vardą, nes jis išgelbės savo tautą iš nuodėmių."

Vienatinis Dievo Sūnus Jėzus Kristus atėjo į šį pasaulį su kūnu (Evangelija pagal Joną 1, 14) per Mergelės Marijos įsčias, nes turėjo būti žmogus, bet ne Adomo palikuonis, kad atitiktų žemės atpirkimo įstatymo reikalavimus.

Trečia, atpirkėjas turi turėti pakankamai galių.

Tarkime, jaunesnysis brolis nuskursta ir parduoda savo žemę, o jo vyresnysis brolis nori atpirkti jam žemę. Tuomet vyresnysis brolis turi turėti pakankamai lėšų žemei atpirkti (Kunigų knyga 25, 26). Panašiai, jeigu jaunesnysis brolis turi didelę skolą, o vyresnysis nori ją sumokėti, jis turi turėti pakankamai priemonių, ne tik gerų norų.

Lygiai taip pat, norint nusidėjėlį paversti teisiuoju, reikia turėti pakankamai priemonių arba galių. Galia atpirkti žemę šiuo atveju reiškia galią atpirkti visus žmones iš nuodėmių. Kitaip tariant, visų žmonių atpirkėjas, atitinkantis žemės atpirkimo reikalavimus, turi būti be nuodėmės.

Jėzus Kristus yra ne Adomo palikuonis, jis neturi gimtosios nuodėmės. Jėzus Kristus nepadarė nė vienos nuodėmė ir laikėsi viso Įstatymo visus 33 savo gyvenimo žemėje metus. Jis buvo apipjaustytas aštuntą dieną po gimimo ir prieš trejus metus trukusią tarnystę nepriekaištingai klausė savo tėvų ir mylėjo juos bei šventai laikėsi visų įsakymų. Todėl Laiškas hebrajams 7, 26 mums sako: "Mums ir derėjo turėti tokį vyriausiąjį kunigą: šventą, nekaltą, tyrą, atskirtą nuo nusidėjėlių ir išaukštintą virš dangaus." Petro pirmame laiške 2, 22-23 parašyta: "Jis [Kristus] nepadarė nuodėmės, ir jo lūpose nerasta klastos. Šmeižiamas jis neatsikirtinėjo, kentėdamas negrasino, bet visa pavedė teisingajam Teisėjui."

Ketvirta, atpirkėjas turi būti mylintis.

Žemės atpirkimui be aukščiau išvardintų trijų sąlygų būtina meilė. Be meilės žmogus, galintis atpirkti žemę savo jaunesniajam broliui, to nepadarys. Net jeigu jis yra turtingiausias žmogus šalyje, o jo jaunesnysis brolis turi astronominio dydžio skolą, neturėdamas meilės, vyresnysis brolis nepadės jaunesniajam. Tuomet kokia nauda jaunesniajam broliui iš vyresniojo turtų?

Rūtos knyga 4-ame skyriuje pasakoja apie Boazą, gerai žinojusį Rūtos anytos Naomės padėtį. Kai Boazas paprašė giminaičio-atpirkėjo atpirkti Naomės paveldą, tas atsakė: „Tokiu atveju aš negaliu atpirkti žemės dėl savęs, nes pakenkčiau savo paties paveldui. Perimk mano atpirkimo pareigą, nes aš negaliu atpirkti" (6-a eilutė). Tuomet Boazas, kupinas meilės, atpirko žemę Naomei. Vėliau Boazas buvo didžiai palaimintas ir tapo Dovydo protėviu.

Jėzus, atėjęs į pasaulį su kūnu, nebuvo Adomo palikuonis, nes buvo pradėtas iš Šventosios Dvasios ir be nuodėmės. Todėl Jis turėjo pakankamai priemonių mūsų atpirkimui. Tačiau jeigu Jėzus būtų neturėjęs meilės, Jis nebūtų kentėjęs mirties agonijos ant kryžiaus. Tačiau Jėzus buvo kupinas tokios meilės, kad leidosi paprastų kūrinių nukryžiuojamas, išliejo visą savo kraują ir atpirko žmoniją, atvėrė išganymo kelią. Tai įvyko dėl neišmatuojamos mūsų Dievo Tėvo meilės ir Jėzaus, klusnaus iki mirties, aukos.

Priežastis, dėl kurios Jėzus buvo pakabintas ant medžio

Kodėl Jėzus buvo prikaltas prie medinio kryžiaus? Kad įvykdytų dvasinės karalystės įstatymą, kuris sako, kad „Kristus mus atpirko iš įstatymo prakeikimo, tapdamas už mus prakeikimu, nes parašyta: Prakeiktas kiekvienas, kuris kybo ant medžio" (Laiškas galatams 3, 13). Jėzus buvo pakabintas ant kryžiaus už mus, kad atpirktų mus, nusidėjėlius, iš įstatymo prakeikimo.

Kunigų knygoje 17, 11 parašyta: „Nes gyvūno gyvybė yra kraujyje. Daviau jums kraują, kad ant aukuro atliktumėte permaldavimą už savo gyvybę; kraujas atlieka permaldavimą, nes jis yra gyvybė." Laiške hebrajams 9, 22 pasakyta: „Taip pat bemaž viskas pagal įstatymą apvaloma krauju, ir be kraujo praliejimo nėra atleidimo." Kraujas yra gyvybė, nėra atleidimo be kraujo praliejimo. Jėzus praliejo savo nekaltą ir brangų kraują, kad mes turėtume gyvenimą.

Jėzaus kančia ant kryžiaus išlaisvino tikinčiuosius iš ligų, negalių, skurdo ir kitų prakeikimų. Jėzus gyveno skurde šioje žemėje, Jis prisiėmė mūsų skurdą. Jėzus buvo mušamas, todėl mes esame laisvi nuo visų ligų. Jėzus buvo apvainikuotas erškėčiais, Jis atpirko mus iš nuodėmingų minčių. Jėzaus rankos ir kojos buvo prikaltos, Jis atpirko mus iš visų nuodėmių, kurias darome rankomis ir kojomis.

Tikėti Viešpačiu reiškia keistis tiesoje

Žmonės, kurie tikrai supranta kryžiaus apvaizdą ir tiki visa širdimi, atsikrato nuodėmių ir gyvena pagal Dievo valią. Kaip Jėzus sako Evangelijoje pagal Joną 14, 23: „Jei kas mane myli, laikysis mano žodžio, ir mano Tėvas jį mylės; mes pas jį ateisime ir apsigyvensime," tokie žmonės apipilami Dievo meile ir palaiminimais.

Bet kodėl žmonės, išpažįstantys tikėjimą Viešpačiu, negauna atsakymų į savo maldas ir gyvena išbandymuose ir varguose? Todėl, kad Dievui jų tikėjimas netikras, nors jie ir sako, kad tiki į Jį. Tai reiškia, kad išgirdę Dievo žodį jie nepaliko savo nuodėmių ir nepasikeitė tiesoje.

Pavyzdžiui, labai daug tikinčiųjų nesilaiko Dešimties Dievo įsakymų, gyvenimo Kristuje pagrindų. Jie žino įsakymą „Atmink ir švęsk šabo dieną," bet ateina tik į rytines pamaldas arba visai neina į bažnyčią ir užsiima savo darbais Viešpaties dieną. Jie žino, kad reikia atnešti Dievui dešimtinę, bet per daug myli pinigus ir neaukoja visos dešimtinės. Dievas aiškiai pabrėžė, kad neatnešdami visos dešimtinės „apsukame Jį", ir kaip jie gali tikėtis atsakymų į maldas ir palaiminimų (Malachijo knyga 3, 8)?

Nemažai tikinčiųjų neatleidžia kitiems klaidų ir nusižengimų. Jie tampa pikti ir kuria planus atmokėti piktu už pikta. Kiti duoda pažadus, bet nuolat juos laužo. Dar kiti dejuoja ir verkšlena visai kaip pasauliečiai. Ar galima vadinti juos turinčiais tikrą tikėjimą?

Jeigu mūsų tikėjimas tikras, stengiamės viską daryti pagal Dievo valią, vengti bet kokio pikto ir tapti panašūs į mūsų Viešpatį, kuris atidavė savo gyvybę už mus, nusidėjėlius. Mes atleidžiame ir mylime tuos, kurie nekenčia mūsų ir kenkia mums, tarnaujame kitiems ir aukojamės už juos.

Atsikratę ūmaus būdo, tapsite žmonėmis, iš kurių lūpų sklinda tik geri ir šilti žodžiai. Jeigu anksčiau nuolat skųsdavotės, tikras tikėjimas paskatins jus visose aplinkybėse dėkoti ir būti maloningiems.

Jeigu tikrai tikime Viešpačiu, turime būti panašūs į Jį ir gyventi naują gyvenimą. Tuomet Dievas laimins mus ir išklausys mūsų maldas.

Laiške hebrajams 12, 1-2 parašyta:

Todėl ir mes, šitokio debesies liudytojų apsupti, nusimeskime visas naštas bei nuodėmės pinkles ir ištvermingai bėkime mums paskirtose lenktynėse, žiūrėdami į savo tikėjimo vadovą ir ištobulintoją Jėzų. Jis vietoj sau priderančių džiaugsmų, nepaisydamas gėdos, iškentėjo kryžių ir atsisėdo Dievo sosto dešinėje.

Ne tik Biblijoje minimi tikėjimo protėviai, bet ir daug mus supančių žmonių buvo išgelbėti ir palaiminti tikėjimu į mūsų Viešpatį.

„Debesies liudytojų apsupti" įgykime tikrą tikėjimą! Atmeskime viską, kas trukdo, visas nuodėmės pinkles ir stenkimės būti panašūs į mūsų Viešpatį! Tik tada, kaip Jėzus pažadėjo Evangelijoje pagal Joną 15, 7: „Jei pasiliksite manyje, ir mano žodžiai pasiliks jumyse, jūs prašysite, ko tik norėsite, ir bus jums suteikta," gyvensime palaiminti, ir mūsų maldos bus išklausytos.

Jeigu dar nepatyrėte tokio gyvenimo, peržvelkite savo gyvenimą, persipleškite širdį, atgailaukite už neteisingą tikėjimą Viešpačiu ir pasiryžkite gyventi pagal Dievo žodį.

Įgykite tikrą tikėjimą, patirkite Dievo jėgą ir didžiai pašlovinkite Jį išklausytomis maldomis ir palaiminimais, meldžiu mūsų Viešpaties Jėzaus Kristaus vardu!

3 skyrius
Nuostabesnis už brangakmenį indas

Antras laiškas Timotiejui 2, 20-21

*Dideliuose namuose esti ne tik auksinių
ir sidabrinių indų, bet ir medinių bei molinių.
Pirmieji vartojami garbingiems reikalams,
antrieji negarbingiems.
Kas apsivalys nuo tų ydų, tas bus indas, skirtas garbei,
pašventintas, tinkamas Valdovui, pasiruošęs kiekvienam
geram darbui*

Dievas sukūrė žmoniją, kad turėtų ištikimų vaikų, su kuriais gali dalintis tikra meile, bet žmonės nusidėjo, nuklysdami nuo jų sukūrimo tikslo, ir tapo priešo velnio ir šėtono vergais (Laiškas romiečiams 3, 23). Tačiau mylintis Dievas neatsisakė tikslo išsiugdyti ištikimų vaikų. Jis atvėrė išganymo kelią žmonėms, įklimpusiems į nuodėmę. Dievas atidavė nukryžiuoti savo vienintelį Sūnų Jėzų, kad atpirktų iš nuodėmių visus žmones.

Ši nuostabi meilė lydima didžios aukos atvėrė išgelbėjimo kelią kiekvienam, kuris tiki į Jėzų Kristų. Kiekvienas širdimi tikintis, kad Jėzus mirė ir prisikėlė, ir lūpomis išpažįstantis, kad Jėzus yra Gelbėtojas, tampa Dievo vaiku.

Dievo mylimi vaikai lyginami su „indais"

Antrame laiške Timotiejui 2, 20-21 parašyta: „Dideliuose namuose esti ne tik auksinių ir sidabrinių indų, bet ir medinių bei molinių. Pirmieji vartojami garbingiems reikalams, antrieji negarbingiems. Kas apsivalys nuo tų ydų, tas bus indas, skirtas garbei, pašventintas, tinkamas Valdovui, pasiruošęs kiekvienam geram darbui." Indo paskirtis yra įvairių medžiagų talpinimas. Dievas lygina savo vaikus su indais, nes gali pripildyti juos savo meile ir malone, savo žodžiu, kuris yra tiesa, savo jėga ir valdžia. Turime suprasti, kad priklausomai nuo indo, kurį paruošiame, mes džiaugiamės visokiausiomis geromis dovanomis ir palaiminimais, kuriuos Dievas mums paruošė.

Koks indas yra žmogus, sutalpinantis visus Dievo paruoštus palaiminimus? Tai indas, kuris Dievui brangus, kilnus ir nuostabus.

Pirma, „brangus" indas yra žmogus, kuris iki galo atlieka Dievo duotą pareigą. Jonas Krikštytojas, kuris paruošė kelią mūsų Viešpačiui Jėzui, ir Mozė, kuris išvedė izraelitus iš Egipto, priklauso šiai kategorijai.

Antra, „kilnus" indas yra žmogus, kuris yra doras, teisingas, ryžtingas ir ištikimas, žmonėse reta šių savybių. Juozapas ir Danielius, abu ėję ministro pirmininko pareigas galingose valstybėse ir didžiai pašlovinę Dievą, priklauso šiai kategorijai.

Trečia, „nuostabus" indas Dievui yra geros širdies žmogus, kuris niekada nesiginčija ir nesibara, bet viską priima ir pakelia tiesoje. Estera, išgelbėjusi savo tėvynainius, ir Abraomas, vadintas Dievo draugu, priklauso šiai kategorijai.

„Nuostabesnis už brangakmenį indas" yra žmogus, turintis savybes, kurios daro jį brangų, kilnų ir nuostabų Dievui. Brangakmenis akivaizdžiai išsiskiria iš paprastų akmenų. Lygiai taip pat išsiskiria tie Dievo žmonės, kurie yra nuostabesni už brangakmenius.

Brangakmenių kainą lemia jų dydis, spindesys ir išskirtinės spalvos, jų grožis traukia žmones. Tačiau ne visi blizgantys akmenys yra brangakmeniai. Tikri brangakmeniai turi būti ypatingų spalvų, žvilgesio ir vientisumo. Vientisumas reiškia, kad jie atsparūs karščiui, neturi jokių priemaišų ir yra tobulos formos. Dar viena svarbi savybė yra retumas.

Jeigu indas didingai spindi yra vientisas ir retas, koks jis brangus, kilnus ir nuostabus? Dievas nori, kad Jo vaikai taptų nuostabesniais už brangakmenius indais ir gyventų palaimintą gyvenimą. Kai Dievas atranda tokių indų, Jis gausiai pripildo juos savo meilės ir džiaugsmo ženklais.

Kaip mums tapti nuostabesniais už brangakmenius indais Dievo akyse?

Pirma, jūs turite pašventinti savo širdį Dievo žodžiu, kuris yra tiesa.

Visų pirma, indas turi būti švarus, kad būtų naudojamas pagal paskirtį. Net brangus auksinis indas negali būti panaudotas, jeigu yra nešvarus ir dvokia. Tik išplautas vandeniu jis gali būti naudojamas pagal paskirtį.

Ta pati taisyklė galioja Dievo vaikams. Dievas paruošė savo vaikams gausybę įvairių dovanų, palaiminimų turtu, sveikata ir daugybe kitų dalykų. Norėdami priimti šiuos palaiminimus ir dovanas turime tapti švariais indais.

Jeremijo knygoje 17, 9 parašyta: „Širdis už viską vylingesnė ir nepataisomai pasiligojusi. Kas gali ją perprasti?" Evangelijoje pagal Matą 15, 18-19 Jėzus sako: „O kas išeina iš burnos, eina iš širdies, ir tai suteršia žmogų. Iš širdies išeina pikti sumanymai, žmogžudystės, svetimavimai, ištvirkavimai, vagystės, melagingi liudijimai, šmeižtai." Tik apvalę savo širdį tapsime švariais indais. Tapę švariais indais mes nebeturėsime piktų sumanymų, nesakysime piktų žodžių ir nedarysime blogų darbų.

Apvalyti savo širdį įmanoma tik dvasiniu vandeniu, Dievo žodžiu. Todėl Laiške efeziečiams 5, 26 pasakyta, kad Kristus atidavė save už Bažnyčią, „kad ją [mus] pašventintų, nuplaudamas valančiu vandeniu per žodį," ir Laiške hebrajams 10, 22 Dievas mums sako, kad ateitume „su tyra širdimi ir giliu tikėjimu, apvalę širdis nuo nešvarios sąžinės ir nuplovę kūną švariu vandeniu."

Kaip dvasinis vanduo – Dievo žodis – apvalo mus? Mes turime paklusti įsakymams, užrašytiems šešiasdešimt šešiose Biblijos knygose, kurie apvalo mūsų širdį. Įsakymų, nurodančių ko nedaryti ir ką atmesti, vykdymas galiausiai apvalo mus nuo visko, kas nuodėminga ir pikta.

Apvaliusiųjų savo širdį Jo žodžiu elgesys pasikeičia, ir jie skleidžia Kristaus šviesą, bet žodžio vykdymas savo jėgomis ir valios jėga yra neįmanomas, Šventoji Dvasia turi vesti mus ir padėti mums.

Kai mes girdime ir suprantame Dievo žodį, atveriame savo širdį ir priimame Jėzų savo Gelbėtoju, Dievas dovanoja mums Šventąją Dvasią. Šventoji Dvasia gyvena žmonėse, priėmusiuose Jėzų savo Gelbėtoju, ir padeda jiems girdėti bei suprasti tiesos žodį. Šventasis Raštas sako, kad „Kas gimė iš kūno, yra kūnas, o kas gimė iš Dvasios, yra dvasia" (Evangelija pagal Joną 3, 6). Dievo vaikai, gavę Šventosios

Dvasios dovaną, gali kasdien atsikratyti nuodėmės ir pikto Šventosios Dvasios jėga ir tapti dvasiniais žmonėmis.

Ar jūs niekada nebuvote susirūpinę galvodami: „Kaip man laikytis visų šių įsakymų?"

Jono pirmas laiškas 5, 2-3 mums primena: „Iš to pažįstame mylį Dievo vaikus, kad mylime Dievą ir vykdome jo įsakymus, nes tai ir yra Dievo meilė vykdyti jo įsakymus. O jo įsakymai nėra sunkūs." Jeigu jūs mylite Dievą visa širdimi, jums bus nesunku vykdyti Jo įsakymus.

Kai tėvai susilaukia vaiko, jie rūpinasi visų vaiko poreikių patenkinimu, įskaitant maitinimą, aprengimą, prausimą ir taip toliau. Viena vertus, jeigu tėvai prižiūri ne savo vaiką, jiems tai gali būti našta. Kita vertus, kai tėvai rūpinasi savo vaiku, jiems niekada nebūna sunku. Net jei vaikas pabunda ir verkia vidury nakties, tėvai nepyksta, nes labai myli savo vaiką. Tarnavimas mylimajam yra didžiulio džiaugsmo ir laimės šaltinis, jis neapsunkina ir nepabosta. Lygiai taip pat, jeigu tikrai tikime, kad Dievas yra mūsų dvasios Tėvas ir iš savo begalinės meilės atidavė savo vienintelį Sūnų mirčiai ant kryžiaus už mus, kaip galime nemylėti Jo? Jeigu mylime Dievą, mums nesunku gyventi pagal Jo žodį. Priešingai, mums bus sunku ir skaudu, jei pasielgsime ne pagal Dievo žodį arba nepaklusime Jo valiai.

Aš sirgau daugybe ligų septynerius metus, ir paskui mano vyresnioji sesuo atsivedė mane į Dievo šventovę. Kai atsiklaupiau šventovėje, Šventosios Dvasios ugnis nužengė ant manęs ir išgydė visas ligas – aš susitikau gyvąjį Dievą. Tai įvyko 1974 metų balandžio 17 dieną. Nuo to laiko ėmiau lankyti įvairias pamaldas, kupinas dėkingumo už Dievo malonę. Tų pačių metų lapkritį pirmą kartą dalyvavau prabudimo susirinkime, kur pradėjau mokytis Jo žodžio, gyvenimo Kristuje pagrindų:

„Štai koks yra Dievas!
Aš turiu atmesti visas savo nuodėmes.
Štai kas atsitinka, kai aš tikiu!
Turiu mesti rūkyti ir gerti.
Turiu nuolatos melstis.
Dešimtinės atnešimas Dievui yra privalomas,

ir aš turiu ateiti pas Dievą ne tuščiomis rankomis."

Visą savaitę priėmiau žodį, širdyje sakydamas „Amen!" Atsivertęs tame susirinkime mečiau rūkyti ir gerti, ėmiau mokėti dešimtinę Dievui ir atnašauti padėkos aukas. Taip pat pradėjau melstis auštant ir palaipsniui tapau maldos žmogumi. Tiksliai dariau viską, ko išmokau, ir pradėjau skaityti Bibliją.

Dievo jėga akimirksniu išgydė mane iš visų ligų ir negalių, kurios buvo neišgydomos jokiomis pasaulio priemonėmis. Todėl aš visa širdimi tikėjau kiekvienu Biblijos skyriumi ir kiekviena eilute. Tuo metu buvau naujatikis, todėl kai kurios Šventojo Rašto vietos man buvo sunkiai suprantamos. Tačiau iš karto pradėjau vykdyti įsakymus, kuriuos supratau. Pavyzdžiui, kai Biblija liepė man nemeluoti, aš pasakiau sau: „Melavimas yra nuodėmė! Biblija sako man nemeluoti, todėl aš nebemeluosiu." Taip pat meldžiausi: „Dieve, prašau padėti man atsikratyti netyčinio melavimo!" Aš neapgaudinėjau žmonių iš širdies piktumo, bet vis tiek atkakliai meldžiausi, kad liaučiausi net netyčia melavęs.

Daug žmonių meluoja, net nesuprasdami to. Kai koks nors jums nepatinkantis žmogus paskambina telefonu, ar niekada neprašote vaikų, bendradarbių arba draugų pasakyti, kad jūsų nėra? Daug žmonių meluoja, laikydami tai taktiškumu. Tokie žmonės meluoja, kai atėjus į svečius jų paklausia, ar jie nori valdyti ir gerti. Nors jie alkani ir ištroškę, nenorėdami „apsunkinti" šeimininkų dažniausiai sako: „Ne, ačiū. Ką tik pavalgiau ir atsigėriau." Tačiau sužinojęs, kad net melavimas su gerais ketinimais vis tiek yra melavimas, atkakliai meldžiausi, kad atsikratyčiau melavimo, ir galiausiai atmečiau ir netyčinį melavimą.

Aš susidariau visų piktų ir nuodėmingų dalykų, kuriuos turėjau atmesti, sąrašą ir meldžiausi. Tik kai įsitikindavau, kad tikrai atsikračiau vieno ar kito pikto ar nuodėmingo įpročio ar elgesio, išbraukdavau jį iš sąrašo raudonu rašalu. Jeigu kokios nors piktybės ar nuodėmės negalėdavau atmesti net ilgai ir ryžtingai melsdamasis, nedelsdamas imdavau pasninkauti. Jeigu trijų dienų pasninkas nepadėdavo, pasninkaudavau penkias dienas. Jeigu vėl pakartodavau tą nuodėmę, pasninkaudavau septynias dienas. Tačiau retai turėdavau pasninkauti po savaitę, trijų dienų pasninkas padėjo atmesti daugumą nuodėmių ir piktybių. Kai atsikračiau vis daugiau piktybių, kartodamas šį procesą, tapau vis švaresniu indu.

Per trejus metus po susitikimo su Viešpačiu, atmečiau visą neklusnumą Dievo žodžiui ir tapau švariu indu Jo akyse. Be to, pareigingai ir uoliai vykdžiau įsakymus, nurodančius, ką daryti ir ko laikytis, ir per trumpą laiką pradėjau gyventi pagal Jo žodį. Kai tapau švariu indu, Dievas gausiai palaimino mane. Mano šeima buvo palaiminta sveikata. Greitai grąžinau visas skolas. Gavau materialių ir dvasinių palaiminimų, nes Šventajame Rašte mums aiškiai parašyta: „Mylimieji, jei širdis mūsų nesmerkia, mes pasitikime Dievu ir gauname iš jo, ko prašome, nes laikomės jo įsakymų ir darome, kas jam patinka" (Jono pirmas laiškas 3, 21-22).

Antra, jūs turite būti „išgryninti ugnyje", kad skleistumėte dvasinę šviesą ir taptumėte nuostabesniais už brangakmenius indais.

Brangūs brangakmeniai ant žiedų ir grandinėlių kadaise buvo netyri. Tačiau juvelyrai išgrynino juos ir suteikė jiems nuostabų spindesį bei formą.

Kaip įgudę juvelyrai raižo, šlifuoja, ir išgrynina ugnyje brangakmenius, kad suteiktų jiems nuostabią formą ir unikalų spindesį, taip Dievas drausmina savo vaikus. Dievas drausmina juos ne dėl nuodėmių, bet norėdamas fiziškai ir dvasiškai juos palaiminti. Jo vaikams, nenusidėjusiems ir nepadariusiems jokio pikto, gali atrodyti, kad jie kenčia skausmus ir išbandymus. Tai procesas, per kurį Dievas moko ir auklėja savo vaikus, kad jie skleistų nuostabių spalvų šviesą ir spindesį. Petro pirmame laiške 2, 19 parašyta: „Tai malonė, jei kas, pažindamas Dievą, pakelia vargus, kuriuos nekaltai kenčia." Taip pat žinome, kad „nuoširdus tikėjimas, brangesnis už pragaištantį auksą, kuris ugnimi ištiriamas, bus pripažintas vertas pagyrimo, šlovės bei pagarbos, kai apsireikš Jėzus Kristus" (Petro pirmas laiškas 1, 7).

Net Dievo vaikams atmetus visa pikta ir tapus pašventintais indais, Dievas savo numatytu laiku išbando juos, kad jie taptų nuostabesniais už brangakmenius indais. Jono pirmas laiškas 1, 5 mums sako, kad „Dievas yra šviesa ir jame nėra jokios tamsybės," Dievas yra šlovės šviesa be kliaudos ar dėmės ir veda savo vaikus į tokio paties skaistumo šviesą.

Kai jūs įveiksite visus Dievo leistus išbandymus gerumu ir meile, tapsite spindinčiais ir nuostabiais indais. Dvasinės valdžios ir jėgos laipsnis priklauso nuo dvasinės šviesos skaistumo. Ten, kur šviečia dvasinė šviesa, priešui velniui ir šėtonui nėra vietos.

Evangelijos pagal Morkų 9-as skyrius pasakoja, kaip

Jėzus išvarė piktąją dvasią iš berniuko, kurio tėvas maldavo išgydyti jo sūnų. Jėzus sudraudė piktąją dvasią: „Nebyle ir kurčia dvasia, įsakau tau, išeik iš jo ir daugiau nebegrįžk!" (25-a eilutė). Piktoji dvasia paliko berniuką, ir jis tapo sveikas. Prieš tai aprašytas įvykis, kaip tėvas atvedė savo sūnų pas Jėzaus mokinius, bet jie negalėjo išvaryti piktosios dvasios, nes mokinių ir Jėzaus dvasinės šviesos skaistumo laipsniai buvo skirtingi.

Ką mums daryti, kad pasiektumėme Jėzaus dvasinės šviesos lygį? Turime pergalingai įveikti visus išbandymus, tvirtai tikėdami į Dievą, nugalėti pikta gerumu ir net mylėti savo priešus. Kai jūsų gerumas, meilė ir teisumas bus tikri kaip Jėzaus, jūs galėsite išvaryti piktąsias dvasias ir išgydyti bet kokias ligas ir negalias.

Nuostabesnių už brangakmenius indų palaiminimai

Eidamas tikėjimo keliu, per daug metų patyriau daugybę

išbandymų. Pavyzdžiui, prieš kelerius metus apkaltintas vienoje televizijos laidoje patyriau skaudų, mirtiną išbandymą. Jo pasekmė buvo žmonių, patyrusių Dievo malonę per mane, ir daugelio kitų bičiulių, kuriuos laikiau savo šeimos nariais, išdavystė.

Pasaulio žmonės neteisingai suprato mane ir ėmė smerkti, todėl daug Manmin bažnyčios narių nukentėjo ir buvo nekaltai persekiojami. Tačiau jie ir aš gerumu įveikėme šį išbandymą, viską atidavėme Dievui ir maldavome mylinčio ir gailestingojo Dievo atleisti jiems.

Be to, aš išvengiau neapykantos ir nenusigręžiau nuo tų, kurie išėjo ir pakenkė bažnyčiai. Šio labai skaudaus išbandymo metu ištikimai tikėjau, kad Dievas Tėvas myli mane. Taip pajėgiau tik su gerumu ir meile priimti tuos, kurie man kenkė. Kaip mokinys gauną įvertinimą už išlaikytą egzaminą, taip ir mano tikėjimas, gerumas, meilė ir teisumas sulaukė Dievo įvertinimo: Jis palaimino mane apdovanodamas malone daryti dar galingesnius Jo darbus.

Po šio išbandymo Dievas atvėrė man duris į pasaulinę misiją. Viešpats veikė taip galingai, kad šimtai tūkstančių ir net milijonai žmonių susirinkdavo į mano rengiamas evangelizacines kampanijas, ir Jis lydėjo mane su savo jėga, kuri peržengia laiko ir erdvės ribas.

Dvasinė šviesą, kuria Dievas apgaubia mus yra skaistesnė ir nuostabesnė už visų pasaulio brangakmenių spindesį. Dievas laiko savo vaikus, kuriuos apgaubia dvasine šviesa, nuostabesniais už brangakmenius indais.

Todėl linkiu jums greitai šventėti tapti indais, skleidžiančiais išbandymuose patikrintą dvasinę šviesą, nuostabesnę už brangakmenių spindesį, kad gautumėte viską, ko prašote ir gyventumėte palaimintą gyvenimą. Meldžiu Viešpaties Jėzaus Kristaus vardu!

4 skyrius
Šviesa

Jono pirmas laiškas 1, 5

Tai žinia,
kurią esame išgirdę iš jo
ir skelbiame jums,
kad Dievas yra šviesa
ir jame nėra jokios tamsybės

Šviesa yra įvairių rūšių, ir kiekviena iš jų turi unikalių nuostabių savybių. Visų pirma ji išsklaido tamsą, suteikia šilumą ir žudo pavojingas bakterijas bei grybelius. Šviesa palaiko augalų gyvybę per fotosintezę.

Fizinė šviesa yra matoma plika akimi, bet dvasinės šviesos mes nematome. Kaip fizinė šviesa turi daug savybių, taip ir dvasinėje šviesoje glūdi nesuskaitoma daugybė gebėjimų. Kai šviesa įsižiebia naktį, tamsa akimirksniu pasitraukia.

Lygiai taip pat, kai dvasinė šviesa šviečia mūsų gyvenime, dvasinė tamsa greitai pasitraukia, mums vaikštant Dievo meilėje ir gailestingume. Dvasinė tamsa yra ligų ir problemų namuose, darbe bei tarpusavio santykiuose priežastis, todėl negalime rasti tikros ramybės. Tačiau kai dvasinė šviesa įsižiebia mūsų gyvenime, žmogaus pastangomis neįveikiamos problemos būna išspręstos ir visi mūsų troškimai išsipildo.

Dvasinė šviesa

Kas yra dvasinė šviesa? Jono pirmas laiškas 1, 5 sako: „Dievas yra šviesa ir jame nėra jokios tamsybės," o Evangelijoje pagal Joną 1, 1 parašyta: „Žodis buvo Dievas." „Šviesa" yra ne tik pats Dievas, bet ir Jo žodis, kuris yra tiesa, gerumas ir meilė. Prieš pasaulio sukūrimą Dievas, būdamas šviesos ir balso vienybė, apėmė visą visatą. Spindinti, didinga ir nuostabi šviesa apėmė visą visatą ir iš šios šviesos sklido aiškus, skardus ir skambus balsas.

Dievas, būdamas šviesa ir balsas, sumanė ugdyti žmoniją, kad įsigytų ištikimų vaikų. Jis priėmė pavidalą, tapo Trejybe ir pagal savo paveikslą sukūrė žmoniją. Tačiau Dievo esmė ir toliau yra šviesa ir balsas, Jis veikia šviesa ir balsu. Nors Jis yra žmogaus pavidalo, jame slypi Jo begalinės galios šviesa ir balsas.

Be Dievo jėgos dvasinėje šviesoje glūdi ir kiti tiesos elementai, įskaitant meilę ir gerumą. Šešiasdešimt šešios Biblijos knygos yra balsu ištartų dvasinės šviesos tiesų rinkinys. Kitaip tariant, šviesa yra visi Biblijoje užrašyti įsakymai ir eilutės apie gerumą, teisumą ir meilę, įskaitant „mylėkite vienas kitą," „be paliovos melskitės," „švęsk šabo dieną," „laikykis Dešimties Dievo įsakymų" ir taip toliau.

Vaikščiokite šviesoje, kad sutiktumėte Dievą

Dievas valdo šviesos pasaulį, o priešas velnias ir šėtonas – tamsos pasaulį. Priešas velnias ir šėtonas priešinasi Dievui, todėl tamsos pasaulyje gyvenantys žmonės negali sutikti Dievo. Norėdami sutikti Dievą, atsikratyti daugybės savo gyvenimo problemų ir gauti atsakymus į svarbiausius klausimus, turite greitai išeiti iš tamsos pasaulio ir įžengti į šviesos karalystę.

Biblijoje yra daug įsakymų nurodančių, ką turime daryti:

„mylėkite vieni kitus," „tarnaukite vienas kitam," „melskitės," „dėkokite," ir taip toliau. Kiti įsakymai nurodo, ko laikytis: Dešimties Dievo įsakymų, Dievo tiesos ir kitų. Daug įsakymų nurodo, ko nedaryti: „nekalbėk netiesos," „neieškok sau naudos," „negarbink stabų," „nevok," „nepavydėk," „neapkalbėk" ir taip toliau. Dar yra įsakymų, liepiančių atmesti daug dalykų: visas piktybes, pavyduliavimą, godumą ir kitus.

Viena vertus, paklusimas šiems Dievo įsakymams yra gyvenimas šviesoje, panašumas į mūsų Viešpatį ir Dievą Tėvą. Kita vertus, jeigu nedarote to, ką Dievas liepia; nesilaikote, ko jis liepia laikytis; darote tai, ko Jis liepia nedaryti; ir neatmetate to, ką Jis liepia atmesti, jūs pasiliekate tamsoje. Atsimindami, kad nepaklusnumas Dievo žodžiui nuveda mus į tamsos pasaulį, valdomą priešo velnio ir šėtono, turime visada gyventi pagal Jo žodį ir vaikščioti šviesoje.

Bendravimas su Dievu, vaikštant šviesoje

Jono pirmame laiške 1, 7 parašyta: „O jei vaikščiojame šviesoje, kaip ir jis yra šviesoje, mes bendraujame vieni su kitais," tik kai vaikštome ir gyvename šviesoje, galime bendrauti su Dievu.

Kaip vaikai bendrauja su savo tėvu, taip mes turime bendrauti su Dievu Tėvu, tačiau norėdami bendrauti su Juo, turime įvykdyti vieną reikalavimą: atmesti nuodėmę ir vaikščioti šviesoje, nes „Jei sakytume, kad bendraujame su juo, o vaikščiotume tamsoje, meluotume ir nevykdytume tiesos" (Jono pirmas laiškas 1, 6).

Bendravimas negali būti vienpusis. Jeigu pažįstate kokį nors žmogų, tai dar nereiškia, kad bendraujate su juo. Tik abiem pusėms pakankamai suartėjus, įgijus abipusio pasitikėjimo ir susidraugavus, vyksta tikras bendravimas.

Pavyzdžiui, dauguma iš jūsų žinote, kas yra jūsų šalies karalius ar prezidentas. Jūs galite labai daug žinoti apie savo šalies prezidentą, bet jeigu jis nepažįsta jūsų, jūs neturite jokio bendravimo. Be to, bendravimo artimumas taip pat skiriasi. Bendraujantieji gali būti tik truputį pažįstami, neblogai pažįstami arba artimi draugai, patikintys vienas kitam didžiausias paslaptis.

Tas pats ir bendravime su Dievu. Turime atsiverti Jam, norėdami artimai bendrauti su Juo. Jeigu artimai bendrausime, nesirgsime ir nenusilpsime, visos mūsų maldos bus išklausytos. Dievas nori duoti savo vaikams tik tai, kas geriausia, ir Pakartoto Įstatymo knygos 28-ame skyriuje sako, kad palaiminti būsime pareidami ir išeidami, skolinsime kitiems, bet patys nesiskolinsime ir būsime galva, o ne uodega, jeigu ištikimai klausysime savo Dievo ir uoliai vykdysime visus Jo įsakymus.

Tikėjimo tėvai, artimai bendravę su Dievu

Koks buvo Dovydo, kurį Dievas laikė „vyru pagal savo

širdį" (Apaštalų darbai 13, 22), bendravimas su Juo? Dovydas visą laiką mylėjo Dievą, bijojo Jo ir visiškai pasikliovė Juo. Bėgdamas nuo Sauliaus ir eidamas į mūšį Dovydas visada kaip vaikas tėvo klausdavo Dievo: „Ar man eiti? Kur man eiti" ir darė tai, ką Dievas liepdavo. Dievas visada draugiškai ir aiškiai atsakydavo Dovydui, kuris darė tai, ką liepdavo Dievas, ir pasiekdavo pergalę po pergalės (Samuelio antra knyga 5, 19-25).

Dovydas džiaugėsi puikiais santykiais su Dievu, nes savo tikėjimu patiko Jam. Pavyzdžiui, Sauliaus karaliavimo pradžioje filistinai užpuolė Izraelį. Filistinų kovotojas Galijotas šaipėsi iš Izraelio kariuomenės ir metė iššūkį pačiam Dievui. Tačiau niekas iš Izraelio karių nedrįso kautis su Galijotu. Nors tuo metu Dovydas buvo dar jaunuolis, jis stojo prieš Galijotą be šarvų tik su penkiais gludžiais akmenimis iš upės, nes tikėjo Izraelio Dievo visagalybe ir žinojo, kad šis mūšis priklausė Dievui (Samuelio pirma knyga 17). Dievas padarė, kad Dovydo akmuo pataikytų Galijotui į kaktą. Galijotas žuvo, ir Izraelis pasiekė triuškinančią pergalę.

Dievas dėl tvirto Dovydo tikėjimo laikė jį „vyru pagal savo širdį" ir kaip tėvas su sūnumi aptardavo visus reikalus, Dovydas galėjo pasiekti viską, būdamas su Dievu.

Taip pat Biblija sako, kad Dievas kalbėdavosi su Moze veidas į veidą. Pavyzdžiui, kai Mozė drąsiai paprašė Dievo parodyti veidą, Dievas labai troško duoti jam viską, ko jis prašė (Išėjimo knyga 33, 18). Kaip Mozė pasiekė tokį glaudų ir artimą ryšį su Dievu?

Išvedęs izraelitus iš Egipto, Mozė pasninkavo ir bendravo su Dievu keturiasdešimt dienų ant Sinajaus kalno viršūnės. Mozei užtrukus ant Sinajaus kalno, nesulaukdami savo vadovo izraelitai įpuolė į sunkią nuodėmę, jie pasidarė ir garbino stabą. Dievas, pamatęs tai, pasakė Mozei, kad sunaikins izraelitus ir padarys iš Mozės didelę tautą (Išėjimo knyga 32, 10).

Tuomet Mozė maldavo Dievo: „Nusigręžk nuo savo

degančio įniršio, pasigailėk ir nesiųsk nelaimės savo tautai" (Išėjimo knyga 32, 12). Kitą dieną jis vėl maldavo Dievo: „Deja! Ši tauta nusidėjo sunkia nuodėme. Pasidarė sau dievą iš aukso! O dabar, jei tu tik atleistum jų nuodėmę... Bet jei ne, ištrink mane iš knygos, kurią parašei!" (Išėjimo knyga 32, 31-32) Kokios nuostabios ir karštos šios meilės kupinos maldos!

Skaičių knyga 12, 3 sako: „O Mozė buvo labai kuklus žmogus, kuklesnis už bet ką kitą visoje žemėje." Skaičių knygoje 12, 7 parašyta: „Bet ne toks yra mano tarnas Mozė: jam patikėti visi mano namai." Mozė Turėjo didžiulę meilę ir nuolankią širdį, todėl buvo ištikimas visuose Dievo namuose ir džiaugėsi labai artimu bendravimu su Dievu.

Palaiminimai žmonėms, vaikštantiems šviesoje

Jėzus, atėjęs į pasaulį, būdamas pasaulio šviesa, skelbė

tiesą ir dangaus evangeliją. Žmonės, dalyvaujantys tamsos darbuose, priklausė priešui velniui ir negalėjo suprasti šviesos, net kai ji buvo paaiškinta. Tamsos pasaulio žmonės nepriėmė šviesos ir išgelbėjimo, jie ėjo pražūties keliu.

Geros širdies žmonės pamatė savo nuodėmes, atgailavo už jas ir pasiekė išgelbėjimą per tiesos šviesą. Paklusdami Šventosios Dvasios troškimams jie kasdien atgimdys savo dvasią ir vaikščios šviesoje. Išminties ar gebėjimų trūkumas jiems jau nebus bėda. Jie bendraus su Dievu, kuris yra šviesa, Šventoji Dvasia kalbės jiems ir rūpinsis jais. Tuomet viskas jiems seksis, ir jie gaus išminties iš dangaus. Net jeigu jie turės painių kaip voratinklis problemų, niekas nesutrukdys jiems išspręsti jas, ir jokios kliūtys neuždarys jiems kelio, nes Šventoji Dvasia asmeniškai nukreips kiekvieną jų žingsnį.

Pirmas laiškas korintiečiams 3, 18 sako: „Tegul niekas savęs neapgaudinėja. Jei kas iš jūsų tariasi esąs išmintingas šiame pasaulyje, tepasidaro kvailas, kad būtų išmintingas," turime suprasti, kad pasaulio išmintis Dievui yra kvailystė.

Be to, Jokūbo laiške 3, 17 parašyta: „Iš aukštybių kilusi

išmintis pirmiausia yra tyra, paskui taikinga, maloninga, klusni, pilna gailestingumo ir gerų vaisių, nešališka, nuoširdi." Kai mes pasieksime pašventinimo ir įžengsime į šviesą, dangiška išmintis nužengs ant mūsų. Kai vaikščiosime šviesoje, mes pasieksime tokį lygį, kai būsime laimingi net stokodami ir nejausime jokio stygiaus, net atsidūrę nepritekliuje.

Apaštalas Paulius Laiške filipiečiams 4,11 sako: „Suprantama, aš visai nemanau skųstis stoka, nes išmokau būti patenkintas savo būkle." Taip pat ir mes, jeigu vaikščiosime šviesoje, pasieksime Dievo ramybę, ir iš mūsų trykš bei liesis ramybė ir džiaugsmas. Žmonės, taikiai gyvenantys su kitais, nesiginčys ir nebus priešiški kitiems, bet, meilei ir malonei liejantis iš širdies, jie nepaliaujamai dėkos už viską.

Kai vaikščiosime šviesoje ir išvisų jėgų stengsimės būti panašūs į Dievą, kaip Jis sako mums Jono trečiame laiške 1, 2: „Mielasis, linkiu, kad viskas tau taip gerai sektųsi ir būtum sveikas, kaip sekasi tavo sielai," būsime palaiminti ne tik visokeriopa sėkme, bet ir valdžia, gebėjimais ir Dievo, kuris yra šviesa, jėga.

Kai Paulius susitiko Viešpatį ir vaikščiojo šviesoje, Dievas rodė per jį stulbinančią galią, paskyręs apaštalu pagonims. Nors Steponas ir Pilypas buvo ne pranašai ir ne iš dvylikos Jėzaus mokinių, Dievas vis tiek galingai veikė per juos. Apaštalų darbai 6, 8 sako, kad „Steponas, pilnas malonės ir galios, darė žmonėse didžių ženklų ir stebuklų." Taip pat Apaštalų darbuose 8, 6-7 parašyta: „Minios vieningai klausėsi Pilypo žodžių, nes ne tik girdėjo, bet ir matė daromus stebuklus. Iš daugelio apsėstųjų, baisiai šaukdamos, išeidavo netyrosios dvasios. Buvo išgydyta daug paralyžiuotųjų ir luošių."

Žmogus gali parodyti Dievo jėgą tokiu mastu, kokiu būna pašventintas, vaikščiodamas šviesoje, ir tampa panašus į Viešpatį. Pasaulyje buvo ir yra nedaug žmonių, per kuriuos Dievas veikia savo jėga. Tačiau net tų, per kuriuos veikia Dievo jėga, jos galingumas priklauso nuo kiekvieno žmogaus panašumo į Dievą, kuris yra šviesa.

Ar gyvenu šviesoje?

Norėdami sulaukti nuostabių palaiminimų paruoštų tiems, kas vaikšto šviesoje, kiekvienas iš mūsų visų pirma turi paklausti savęs: „Ar aš gyvenu šviesoje?"

Net jeigu neturite ypatingų problemų, paklauskite savęs, ar netapote „drungni" gyvenime su Kristumi, ar girdėjote apie Šventosios Dvasios vedimą ir ar esate Jos vedami. Jeigu ne, turite pabusti iš dvasinio miego.

Jeigu atmetėte dalį savo piktybių, neturite nusiraminti; kaip vaikas auga ir tampa subrendusiu žmogumi, jūs taip pat turite siekti tėvų tikėjimo. Jūs turite turėti gilų bendravimą ir artimus santykius su Dievu.

Jeigu siekiate pašventinimo, turite pastebėti savyje ir išrauti net menkiausias pikto liekanas. Kuo daugiau valdžios turite ir kuo aukštesnio rango vadovu tampate, visada visų pirma turite ieškoti kitų naudos ir tarnauti jų interesams. Kai kiti, įskaitant žemesnes pareigas einančius, nurodo jūsų klaidas, turite pajėgti paklausyti jų. Užuot pasipiktinę, nusivylę ir atstūmę tuos, kurie pasuka klystkeliais ir daro pikta, turite su meile ir gerumu pakęsti juos ir paveikti juos kilnumo pavyzdžiu. Turine niekuo nenusivilti ir nė vieno nepaniekinti. Turite nepaisyti kitų, nesiremti savo teisumu ir neardyti santarvės.

Stengiuosi rodyti ir dovanoti daugiau meilės jaunesniems, neturtingesniems ir silpnesniems žmonėms. Kaip tėvai labiau rūpinasi silpnais ir sergančiais vaikais negu sveikaisiais, daugiau meldžiuosi už sunkioje padėtyje esančius žmones, niekada nepamiršau jų ir iš visos širdies stengiuosi tarnauti jiems. Vaikščiojantieji šviesoje turi būti gailesti net žmonėms, padariusiems daug pikto, atleisti jiems ir pridengti jų kaltes, užuot atidengę jas.

Net darydami Dievo darbą, nesiaukštinti ir neskelbti savo nuopelnų ir pasiekimų, bet pripažinti savo bendradarbių pastangas. Kai jų pastangos bus pripažintos ir pagirtos, jūs turite būti tik laimingesni ir kupini džiaugsmo.

Ar galite įsivaizduoti, kaip Dievas myli savo vaikus, kurių širdis labai panaši į Viešpaties širdį? Dievas ėjo su Henochu 300 metų, Jis eina ir eis su savo vaikais, kurie taps panašūs į Jį. Dar daugiau, Jis palaimins juos ne tik sveikata ir sėkme visuose reikaluose, bet ir savo jėga, kuria naudos juos kaip brangius indus.

Todėl net jeigu jūs manote turintys tikėjimą ir mylintys Dievą, dabar dar kartą ištirkite savo tikėjimą ir meilę, kad jie būtų Jo pripažinti, ir vaikščiokite šviesoje, kad jūsų gyvenime būtų akivaizdūs Jo meilės ir bendravimo su Juo įrodymai, meldžiu mūsų Viešpaties Jėzaus Kristaus vardu!

5 skyrius
Šviesos galia

Jono pirmas laiškas 1, 5

Tai žinia,
kurią esame išgirdę iš jo
ir skelbiame jums,
kad Dievas yra šviesa
ir jame nėra jokios tamsybės

Biblija pasakoja apie daugybę atvejų, kaip žmonės buvo išgelbėti, išgydyti ir išklausyti, antgamtiškai Dievo jėgai veikiant per Jo Sūnų Jėzų. Kai Jėzus įsakydavo visos ligos ir negalios akimirksniu pasitraukdavo.

Aklieji praregėdavo, nebyliai imdavo kalbėti, kurtieji – girdėti. Žmogus su padžiūvusia ranka buvo išgydytas, luošieji imdavo vaikščioti, paralyžiuotieji pasveikdavo. Piktosios dvasios buvo išvaromos, mirusieji – prikeliami.

Šie stulbinantys Dievo jėgos darbai buvo daromi ne tik Jėzaus, bet ir daugelio pranašų Senojo Testamento laikais bei apaštalų Naujojo Testamento laikais. Žinoma, Jėzaus turėta Dievo jėga buvo nepalyginamai didesnė už pranašų ir apaštalų. Nepaisant to, panašūs į Jėzų ir patį Dievą žmonės buvo apdovanoti jėga ir naudojami kaip Jo indai. Dievas davė jiems jėgos ir naudojo juos kaip savo indus. Dievas, kuris yra šviesa, parodė savo jėgą per diakonus Steponą ir Pilypą, nes jie buvo pašventinti, vaikščiodami šviesoje, ir panašūs į Viešpatį.

Apaštalas Paulius rodė tokią jėgą, kad buvo palaikytas „dievu"

Tarp visų žmonių, minimų Naujajame Testamente, apaštalo Pauliaus turėta Dievo jėga nusileido tik Jėzaus galiai. Paulius skelbė evangeliją pagonims, kurie nepažinojo Dievo, ir jo skelbimas buvo lydimas ženklų ir stebuklų. Paulius su antgamtiška jėga liudijo apie tikrąjį Dievą ir Jėzų Kristų.

Tuo metu stabų garbinimas ir burtininkavimas buvo labai paplitę, burtininkai ir apgavikai klaidino žmones. Evangelijos skelbimas tokiems žmonėms turėjo būti lydimas Dievo jėgos darbų, daug galingesnių už burtus ir piktųjų dvasių veikimą (Laiškas romiečiams 15, 18-19).

Apaštalų darbų 14-as skyrius nuo aštuntos eilutės pasakoja apie tai, kaip apaštalas Paulius skelbė evangeliją

Listroje. Kai Paulius pasakė nuo gimimo luošam žmogui: „Atsistok tiesiai ant savo kojų!", tas pašoko ir ėmė vaikščioti (Apaštalų darbai 14,10). Tai pamatę žmonės pradėjo garsiai šaukti: „Dievai, pasivertę žmonėmis, nužengė pas mus!" (Apaštalų darbai 14, 11). Apaštalų darbų 28-as skyrius pasakoja, kaip Paulius atvyko į Maltos salą po laivo sudužimo. Kai apaštalas įmetė į ugnį glėbį sausų šakų, nuo kaitros iš jų iššoko angis ir įsikirto jam į ranką. Tai matydami salos gyventojai laukė, kol jis ištins ir kris negyvas, bet Pauliui nieko neatsitiko, ir žmonės palaikė jį dievaičiu (6-a eilutė).

Apaštalas Paulius turėjo teisią širdį Dievo akyse ir darė tokius Jo jėgos darbus, kad žmonių buvo laikomas „dievu".

Dievo, kuris yra šviesa, jėga

Jėga yra suteikiama ne visiems norintiems; bet tik pašventintiems žmonėms, panašiems į Dievą. Dievas ieško žmonių, kuriems galėtų duoti jėgos ir panaudoti juos kaip garbingus indus. Todėl Evangelijoje pagal Morkų 16,20 parašyta: „O jie iškeliavę visur skelbė žodį, Viešpačiui drauge veikiant ir jų žodžius patvirtinant ženklais, kurie juos lydėjo." Evangelijoje pagal Joną 4, 48 Jėzus sako: „Kol nepamatysite ženklų ir stebuklų, jūs netikėsite."

Daugybės žmonių atvedimui į išganymą būtina dangiška jėga, daranti ženklus ir stebuklus, liudijančius gyvąjį Dievą. Mūsų laikais, nuodėmėms ir piktybėms klestint, ženklai ir stebuklai dar labiau reikalingi.

Kai vaikštome šviesoje ir tampame viena dvasioje su mūsų Dievu Tėvu, darome tokius pat didelius darbus kaip Jėzus, nes mūsų Viešpats pažadėjo: „Iš tiesų, iš tiesų sakau jums: kas mane tiki, darys darbus, kuriuos aš darau, ir dar už juos didesnių, nes aš keliauju pas Tėvą" (Evangelija pagal Joną 14, 12).

Jeigu žmogus turi dvasinės karalystės galią, galinčią ateiti tik iš Dievo, jis turi būti pripažintas Dievo žmogumi. Psalmynas 62, 12 sako: „Vienąsyk Dievas kalbėjo, dusyk girdėjau: kad galybė yra Dievo." Priešas velnias ir šėtonas neturi tokios jėgos, kokią turi Dievas. Žinoma, jie yra dvasinės būtybės ir turi antgamtišką galią klaidinti ir kurstyti žmones prieš Dievą. Tačiau vienas faktas yra neabejotinas: jokia kita būtybė negali turėti Dievo galios, kuria Jis valdo gyvenimą, mirtį, palaiminimus, prakeikimus, žmonijos istoriją ir sukuria viską iš nieko. Galingiausia jėga priklauso Dievo, kuris yra šviesa, karalystei, ji duodama tik tiems, kas pasiekė šventumą ir Jėzaus Kristaus tikėjimo saiką.

Skirtumai tarp Dievo valdžios, galios ir jėgos

Daug žmonių sulygina Dievo valdžią, galią ir jėgą, tačiau jos aiškiai skiriasi.

„Galia" yra tikėjimo jėga padaryti tai, kas žmogui neįmanoma, ką gali tik Dievas. „Valdžia" yra didingas, kilnus ir didis Dievo suteiktas įgaliojimas, dvasinėje karalystėje nenuodėmingumas yra valdžia. Kitaip tariant, valdžia yra šventumas, ir pašventinti Dievo vaikai, išmetę iš širdies piktybes ir melus, įgyja dvasinę valdžią.

Kas tuomet yra „jėga"? Tai dievo galia ir valdžia, nužengianti ant atsikračiusių viso pikto, šventų žmonių. Pateiksiu pavyzdį. Vairuotojas turi „galią" vairuoti automobilį, o kelių policijos pareigūnas turi „valdžią" sustabdyti bet kurį automobilį. Ši valdžia – sustabdyti automobilius ir leisti jiems vėl važiuoti – yra vyriausybės suteikta policijos pareigūnui. Nors vairuotojas turi „galią" vairuoti automobilį, jis neturi policijos pareigūno „valdžios" ir turi pastarajam paklusti.

Taip valdžia ir galia skiriasi viena nuo kitos, o abi kartu jos vadinamos jėga. Evangelijoje pagal Matą 10, 1 parašyta, kad „Pasišaukęs dvylika mokinių, Jėzus suteikė jiems valdžią netyrosioms dvasioms, kad išvarinėtų jas ir gydytų visokias ligas bei negalias." Jėga turi „valdžią" išvaryti piktąsias dvasias ir „galią" išgydyti visas ligas ir negalias.

Skirtumai taro išgydymo dovanos ir Dievo jėgos

Nežinantieji, kas yra Dievo, kuris yra šviesa, jėga, dažnai sutapatina ją su išgydymo dovana. Pirmame laiške korintiečiams 12, 9 minima išgydymo dovana išvaduoja iš virusų sukeltų ligų. Ji negali išgydyti kurtumo arba nebylumo, kurį sukėlė kūno dalių degeneracija arba nervų ląstelių mirtis. Tokios ligos ir negalios gali būti išgydytos tik Dievo jėga per Jam patinkančio tikėjimo maldą. Be to, Dievo, kuris yra šviesa, jėga veikia visą laiką, o gydymo dovana veikia ne visada.

Viena vertus, Dievas, nepaisydamas žmonių širdies šventumo laipsnio, duoda išgydymo dovaną tiems, kas su meile daug meldžiasi už kitus ir yra drąsūs, todėl Dievas gali panaudoti juos kaip naudingus indus. Tačiau jeigu išgydymo dovana bus naudojama ne Jo garbei, bet netinkamai ir savanaudiškai, Dievas tikrai ją atims.

Kita vertus, Dievo jėga yra duodama tik tiems, kas pasiekė širdies šventumo, ir ji nesusilpnėja ir nepradingsta, nes turėtojas niekada nenaudoja jos savo naudai. Kuo panašesnė žmogaus širdis į Viešpaties širdį, tuo aukštesnis

Dievo jėgos laipsnis jam suteikiamas. Jeigu žmogus širdimi ir elgesiu tampa viena su Viešpačiu, jis gali daryti net tuos Dievo jėgos darbus, kuriuos darė pats Jėzus.

Dievo jėga veikia skirtingais būdais. Išgydymo dovana negali išgydyti mirtinų ir retų ligų, dar sunkiau išgydyti turinčius silpną tikėjimą. Tačiau Dievo, kuris yra šviesa, jėgai nėra nieko neįmanomo. Kai ligonis parodo bent menkiausią savo tikėjimo įrodymą, Dievo jėga iš karto ima veikti. Kalbu apie dvasinį tikėjimą, esantį giliai širdyje.

Keturi Dievo, kuris yra šviesa, jėgos laipsniai

Visi Dievo akyse tinkami indai bus pripildyti Jo jėgos per Jėzų Kristų, kuris yra tas pats vakar ir šiandien.

Dievo jėga veikia skirtingais laipsniais. Kuo dvasingesni tapsite, tuo aukštesnį jėgos laipsnį pasieksite. Žmonės, turintys dvasinį regėjimą, mato skirtingų spalvų šviesas, kurias skleidžia skirtingų laipsnių Dievo jėga. Žmonės,

„*Verkiau dieną ir naktį.
Buvo labai skaudu,
kai žmonės žiūrėjo į mane
kaip į vaiką su AIDS.*"

*Viešpats išgydė mane
savo galia
ir pradžiugino mano šeimą.
Dabar aš toks laimingas!*

Esteban Juniilika iš Hondūro, išgydytas nuo AIDS

būdami kūriniai, gali pasiekti keturių laipsnių Dievo jėgą.

Pirmo laipsnio Dievo jėga yra raudona šviesa, kuri Šventosios Dvasios ugnimi sunaikina ligas.

Šventosios Dvasios ugnis, pirmojo laipsnio jėga, pasirodanti raudona šviesa, sudegina bakterijas ir virusus bei išgydo jų sukeltas ir kitas ligas, įskaitant vėžį, plaučių ligas, diabetą, leukemiją, inkstų ligas, artritą, širdies sutrikimus ir AIDS. Tačiau tai nereiškia, kad visos iš aukščiau išvardintų ligų gali būti išgydytos pirmo laipsnio jėga. Labai sunkios būklės ligonių, pavyzdžiui, vėžio ar plaučių tuberkuliozės paskutinės stadijos atveju, išgydymui pirmo laipsnio jėgos nepakanka.

Pažeistų ar blogai veikiančių kūno dalių atgaivinimas reikalauja didesnės jėgos, kuri ne tik gydo, bet ir atkuria kūno dalis. Net ir šiuo atveju Dievo jėgos veikimo laipsnis priklauso nuo ligonio rodomą tikėjimo laipsnio bei jo šeimos narių tikėjimo ir meilės.

Shama Masaz iš Pakistano, išlaisvinta iš 14 metų trukusio demonų apsėdimo

Nuo pat įkūrimo, Manmin centrinėje bažnyčioje daugybę kartų veikė pirmo laipsnio dieviškoji jėga. Kai žmonės paklusdavo Dievo žodžiui, ir už juos buvo meldžiamasi, įvairiausios ligos buvo išgydytos. Daug dieviškų išgydymų įvyko, kai žmonės spausdavo man ranką, paliesdavo mano drabužių kraštą ar skepetėles, kurias liesdamas meldžiausi, arba telefonu išklausydavo įrašytą maldą, bei man meldžiantis už ligonių nuotraukas.

Pirmo laipsnio jėga neapsiriboja ligų naikinimu Šventosios Dvasios ugnimi. Jeigu žmogus bent trumpą akimirką meldžiasi su tikėjimu, Šventosios Dvasios paragintas ir pripildytas, jis gali padaryti galingą Dievo jėgos darbą. Tačiau tai laikinas jėgos veikimas, atsirandantis, kai būna tokia Jo valia, bet ne nuolatinis Dievo jėgos turėjimas.

Antro laipsnio Dievo jėga yra mėlyna šviesa.

Malachijo knygoje 3, 20 parašyta: „Bet jums, bijantiems mano vardo, patekės teisumo saulė su gydančiais spinduliais. Jūs išeisite šokinėdami tarsi veršiukai, išleisti iš gardo." Žmonės, kurių dvasinės akys yra atvertos, mato panašius į lazerio šviesas išgydančius spindulius.

Antro laipsnio jėga išvaro tamsą ir išlaisvina žmones, kurie yra demonų apsėsti, šėtono valdomi ir įvairių piktųjų dvasių engiami. Ši jėga išgydo proto ligas, įskaitant autizmą, nervinį išsekimą ir kitas.

Šių ligų galima išvengti, „nuolat džiaugiantis" ir „už viską dėkojant." Jeigu, užuot visada džiaugęsi ir už viską dėkoję, jūs pradedate nekęsti kitų, laikyti pagiežą, blogai galvoti ir pykti, labai rizikuojate susirgti šiomis ligomis. Kai šėtono jėgos, sėjančios pyktį mintyse ir širdyje, yra išvaromos, visos minėtos proto ligos savaime pasitraukia.

Kartais antro laipsnio Dievo jėga išgydo fizines ligas ir negalias. Demonų ir velnių sukeltos ligos ir negalios yra išgydomos antro laipsnio Dievo jėgos šviesa. Šiuo atveju „negalios" yra kūno dalių degeneracija ir paralyžius: nebylumas, kurtumas, luošumas, aklumas, įgimtas paralyžius ir taip toliau.

Evangelijos pagal Morkų 9-as skyrius nuo 14-os eilutės pasakoja, kaip Jėzus išvarė "nebylę ir kurčią dvasią" iš berniuko (25-a eilutė). Berniukas buvo kurčnebylys dėl piktosios dvasios, gyvenančios jame. Kai Jėzus išvarė dvasią, berniukas iš karto pasveiko.

Lygiai taip pat, kai ligos priežastis yra tamsos jėgos, įskaitant demonus, piktosios dvasios turi būti išvarytos, kad ligonis pasveiktų. Jeigu žmogus turi virškinimo sutrikimų dėl nervinio išsekimo, priežastis turi būti pašalinta, išvarant šėtono jėgas. Paralyžius ir artritas taip pat dažnai būna tamsos jėgų darbas. Kartais gydytojai neranda jokios ligos, bet žmogų vis tiek kankina įvairūs skausmai. Kai meldžiuosi už tokius kenčiančius, turintieji atvertas dvasines akis dažnai mato bjaurių žvėrių pavidalo tamsos jėgas, išeinančias iš ligonio kūno.

Be tamsos jėgų, sutinkamų ligose ir negaliose Dievo, kuris yra šviesa, antro laipsnio jėga gali išvaryti tamsos jėgas, gyvenančias namuose, versle ar darbe. Kai žmogus, turintis antro laipsnio Dievo jėgą aplanko tikinčiuosius,

„O, Dieve! Kaip tai įmanoma? Ar gali būti, kad aš einu?"

Pagyvenusi moteris iš Kenijos ėmė vaikščioti po maldos iš sakyklos

persekiojamus namuose ar darbe, tamsa išsisklaido ir šviesa nužengia ant žmonių, jie gauna gausius palaiminimus.

Mirusiųjų prikėlimas arba gyvybės atėmimas pagal Dievo valią taip pat yra antro laipsnio Dievo jėgos darbas. Štai keli pavyzdžiai: apaštalas Paulius prikėlė Eutichą (Apaštalų darbai 20, 9-12); Ananijas ir Sapfyra apgavo apaštalą Petrą ir jo prakeikti krito negyvi (Apaštalų darbai 5, 1-11); Eliziejaus prakeikimas taip pat atnešė mirtį iš jo besišaipantiems vaikams (Karalių antra knyga 2, 23-24).

Tačiau tarp Jėzaus ir apaštalų Pauliaus bei Petro ir pranašo Eliziejaus darbų buvo esminis skirtumas. Dievas, visų dvasių Viešpats, leidžia gyventi arba atimti gyvybę. Jėzus ir Dievas yra viena, Jėzaus valia buvo ir yra Dievo valia. Todėl Jėzus galėjo prikelti mirusiuosius įsakydamas savo žodžiu (Evangelija pagal Joną 11, 43-44), tuo tarpu pranašai ir apaštalai turėjo klausti Dievo valios ir prašyti Jo leidimo, kad prikeltų mirusiuosius.

„Nenorėjau matyti savo kūno,
kuris buvo visas apdegęs...

Kai buvau viena,
Jis atėjo pas mane,
ištiesė savo ranką,
ir prisiglaudė mane...

Jo meilė suteikė man
naują gyvenimą...
Ar yra kas nors,
ko nepadaryčiau dėl Viešpaties?"

Vyresnioji diakonė Eundeuk Kim,
išgydyta nuo trečio laipsnio nudegimo
nuo galvos iki kojų

Trečio laipsnio Dievo jėga yra balta arba bespalvė šviesa, lydima visokiausių ženklų ir sukūrimo darbų.

Dievo, kuris yra šviesa, trečio laipsnio jėga daro visokiausius ženklus ir sukūrimo darbus. Šiuo atveju „ženklai" yra išgydymai, kai aklieji praregi, nebyliai prabyla, o kurtieji atgauna klausą. Luošieji atsistoja ir eina, per trumpos kojos paauga, o įgimtas ir cerebrinis paralyžius būna visiškai išgydytas. Pažeistos ar nuo gimimo nenormalios kūno dalys tampa sveikos. Sulūžę kaulai suauga, trūkstami kaulai sukuriami, per trumpi liežuviai paauga, nutrūkę sausgyslės suauga. Kadangi trečiame laipsnyje pirmo, antro ir trečio Dievo jėgos laipsnių šviesos veikia kartu, jokia liga ar negalia nebus problema.

Net jei žmogus apdega nuo galvos iki kojų, ir daug jo ląstelių bei raumenų būna sudegę arba jis nusipliko, įkritęs į verdantį vandenį, Dievas gali viską sukurti iš naujo. Dievas gali sukurti bet ką iš nieko, Jis gali atkurti ne tik negyvus mechanizmus, bet ir žmogaus kūno dalis.

Manmin centrinėje bažnyčioje per maldas už skepetėles ir telefono atsakiklyje įrašytas maldas atgyja sunkiai pažeisti ir nesveiki žmonių vidaus organai. Kai mirtinai pažeisti plaučiai pasveiksta, o inkstai ir kepenys, kuriuos reikia transplantuoti, tampa normalūs, trečio laipsnio Dievo jėgai veikiant, vyksta sukūrimo darbai.

Reikia pabrėžti vieną aspektą. Viena vertus, jeigu paliegusi kūno dalis pasveiksta, tai pirmo laipsnio Dievo jėgos veikimas. Kita vertus, jeigu nepagydomai pažeista kūno dalis sukuriama iš naujo, tuomet veikia trečio laipsnio Dievo jėga, sukūrimo jėga.

Ketvirto laipsnio Dievo jėga yra aukso spalvos šviesa, tai jėgos pilnatvė.

Jėzaus turima ketvirto laipsnio jėga valdo viską, orą ir negyvąją gamtą. Kai Evangelijoje pagal Matą 21, 19 Jėzus prakeikė figmedį, „figmedis bemat nudžiūvo." Evangelija pagal Matą 8-ame skyriuje nuo 23-os eilutės pasakoja, kaip Jėzus sudraudė vėją ir bangas, ir oras visiškai nurimo. Net gamta, vėjas ir jūra vykdė Jėzaus įsakymus.

Vieną kartą Jėzus liepė Petrui irtis į gilumą ir užmesti tinklus, o Petrui paklusus, laimikis buvo toks didelis, kad tinklai ėmė plyšti (Evangelija pagal Luką 5, 4-6). Kitą kartą Jėzus pasakė Petrui: „nueik prie ežero, užmesk meškerę, paimk pirmą užkibusią žuvį; ją pražiodęs, rasi staterą. Paimk jį ir atiduok jiems už mane ir už save" (Evangelija pagal Matą 17, 24-27).

Kaip Dievas sukūrė viską, kas yra visatoje, savo žodžiu, taip ir Jėzaus žodžiui paklūsta visa gamta. Lygiai taip pat, kai turime tikrą tikėjimą, mes neabejojame tuo, ko viliamės ir nematome (Laiškas hebrajams 11, 1), veikia sukūrimo jėga, sukurianti bet ką iš nieko.

Ketvirto laipsnio Dievo jėga veikia, peržengdama laiko ir erdvės ribas.

Kai kurie Jėzaus padaryti Dievo jėgos darbai peržengė laiko ir erdvės ribas. Evangelija pagal Morkų 7-ame skyriuje nuo 24-os eilutės pasakoja, kaip moteris maldavo Jėzaus išgydyti jos demonų apsėstą dukterį. Matydamas moters

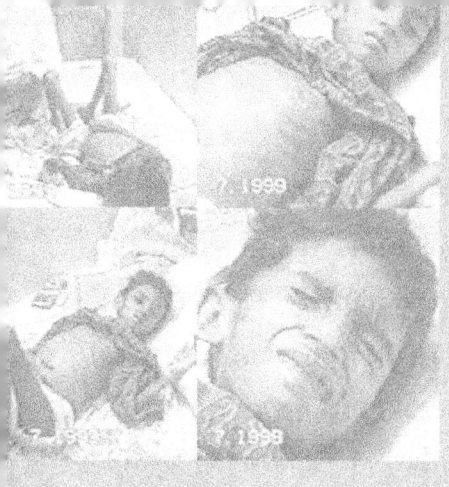

„Taip skauda...
Taip skauda,
kad negaliu atsimerkti...
Niekas nežinojo, ką jaučiau,
bet Viešpats viską žinojo
ir išgydė mane."

Cynthia iš Pakistano, išgydyta
nuo depresijos ir tarnybos neprasmingumo

nuolankumą ir tikėjimą Jėzus tarė: „Dėl šitų žodžių eik namo; demonas jau išėjęs iš tavo dukters" (29-a eilutė). Grįžusi ji rado mergaitę gulinčią patale ir demoną atstojusį. Nors Jėzus asmeniškai neaplankė kiekvieno ligonio, kai Jis matydavo tikėjimą ir įsakydavo, įvykdavo išgydymai, peržengiantys laiko ir erdvės ribas. Jėzaus ėjimas vandeniu, tik Jo atliktas jėgos darbas, taip pat liudija, kad visa visata yra Jėzaus valdžioje.

Jėzus sako Evangelijoje pagal Joną 14, 12: „Iš tiesų, iš tiesų sakau jums: kas mane tiki, darys darbus, kuriuos aš darau, ir dar už juos didesnių, nes aš keliauju pas Tėvą." Kaip Jis ir pažadėjo, šiandien tikrai antgamtiška Dievo jėga galingai veikia Manmin centrinėje bažnyčioje.

Pavyzdžiui, įvyksta antgamtiški oro pasikeitimai. Kai aš meldžiuosi, liūtys akimirksniu baigiasi, juodi debesys išsisklaido, giedras dangus iškart apsitraukia debesimis. Daugybę kartų negyvi daiktai pakluso mano maldai. Net mirtinai pavojingo apsinuodijimo anglies monoksidu atveju, per minutę ar dvi, be sąmonės buvęs žmogus atsigavo ir nepatyrė jokių pasekmių. Kai meldžiausi už vieną žmogų, kentėjusį baisų skausmą nuo trečio laipsnio nudegimo, pasakiau „Nudegimo skausme, pasitrauk," ir to žmogaus skausmai liovėsi.

Laiko ir erdvės ribas peržengiantys Dievo jėgos darbai yra neapsakomai didingi. Pakistano Manmin bažnyčios vyriausiojo pastoriaus Wilsono Johno Gilo duktė Cynthia patyrė ypatingą stebuklą. Kai meldžiausi, liesdamas jos nuotrauką Seule, Korėjoje, mergaitė, dėl kurios pasveikimo gydytojai nebeturėjo jokių vilčių, greitai pasveiko po mano maldos, nors buvau už kelių tūkstančių kilometrų nuo jos.

Ketvirto laipsnio jėga gydo ligas, išvaro tamsos jėgas, daro ženklus ir stebuklus ir įsako viskam paklusti – tai pirmo, antro, trečio ir ketvirto laipsnio jėgų junginys.

Aukščiausioji sukūrimo jėga

Biblija pasakoja, kaip Jėzus panaudojo galingesnę už ketvirto laipsnio jėgą. Tai aukščiausiojo laipsnio jėga, priklausanti Kūrėjui. Ši jėga veikia ne tame pačiame lygmenyje, kuriame žmonės panaudoja Jo jėgą. Aukščiausioji sukūrimo jėga ateina iš pirminės šviesos, kuri švietė, kad Dievas buvo vienas.

Evangelijos pagal Joną 11-ame skyriuje Jėzus įsakė: „Lozoriau, išeik!" Lozorius buvo miręs prieš keturias dienas, ir jo pūvantis kūnas skleidė bjaurų kvapą. Numirėlis išėjo iš kapo, jo rankos ir kojos dar buvo suvystytos aprišalais, o veidas apvyniotas drobule (43-a ir 44-a eilutės).

Kai žmogus atmeta visas piktybes, tampa pašventintas, širdimi pasidaro panašus į Dievą Tėvą ir turi visiškai sveiką dvasią, jis įžengia į dvasinę karalystę. Kuo daugiau dvasinės karalystės žinių jis sukaupia, tuo labiau per jį veikia Dievo jėga, galingesnė už ketvirto laipsnio jėgą.

Tuomet jis pasiekia tokio laipsnio jėgą, kurią turi tik Dievas, tai aukščiausioji sukūrimo jėga. Kai žmogus pasiekia šį lygį, per jį veikia antgamtiška sukūrimo jėga, kaip tuo metu, kai Dievas savo žodžiu sukūrė viską, kas yra visatoje.

Pavyzdžiui, kai jis pasakys aklajam „Atsimerk," pastarojo

akys iš karto atsivers. Kai jis įsakys nebyliui: „Kalbėk!", tas iškart prabils. Kai jis įsakys luošiui: „Atsistok," tas ims vaikščioti ir bėgioti. Kai jis įsakys, randai išnyks, ir gendančios kūno dalys atsinaujins.

Tai Dievo, kuris prieš laiko pradžią buvo šviesa ir balsas, veikimas. Kai beribė sukūrimo šviesos jėga prabyla balsu, nužengia ir veikia dieviška šviesos jėga. Tuomet išgyja žmonės, kurie peržengė Dievo nustatytas gyvybės buvimo ribas ir kurių ligos ir negalios negali būti išgydytos pirmo, antro, trečio ir ketvirto laipsnio jėga.

Dievo, kuris yra šviesa, jėgos gavimas

Kaip mums įgyti panašią į Dievo, kuris yra šviesa, širdį, gauti Jo jėgos ir atvesti daug žmonių į išganymą?

Pirma, turime ne tik vengti bet kokio pikto ir siekti pašventinimo, bet ir išsiugdyti gerą širdį bei siekti aukščiausio gėrio.

Jeigu jūs nerodote susierzinimo ir nepasitenkinimo žmogui, kuris labai pakenkė jums ir apsunkino gyvenimą, ar tai reiškia, kad išsiugdėte gerą širdį? Ne. Net jeigu jūsų širdyje nėra jokio nepasitenkinimo ir jūs viską ištveriate, tai tik pirmas žingsnis į gerumą Dievo akyse.

Pasiekęs aukštesnį gerumo laipsnį žmogus žodžiu ir elgesiu stengiasi daryti gera tiems, kas jam daro bloga ir apsunkina gyvenimą. Aukščiausias gėris, kuris Dievui patinka, yra žmogaus pasiryžimas paaukoti už priešą savo gyvybę.

Jėzus atleido žmonėms, kurie Jį nukryžiavo, ir savo valia atidavė už juos gyvybę, nes turėjo aukščiausio laipsnio gerumą. Mozė ir apaštalas Paulius taip pat norėjo atiduoti savo gyvybę už žmones, ketinusius juos nužudyti ir ėjusius klystkeliais.

Kai Dievas norėjo sunaikinti izraelitus, kurie garbino stabus, murmėjo prieš Dievą ir priekaištavo Jam, nors matė didžius ženklus ir stebuklus, ką darė Mozė? Jis maldavo: „O dabar, jei tu tik atleistum jų nuodėmę... Bet jei ne, ištrink mane iš knygos, kurią parašei!" (Išėjimo knyga 32, 32) Apaštalas Paulius buvo toks pat. Kaip parašyta Laiške romiečiams 9, 3: „Man mieliau būtų pačiam būti prakeiktam ir atskirtam nuo Kristaus vietoj savo brolių, tautiečių pagal kūną," Paulius išsiugdė aukščiausio laipsnio gerumą, todėl galingi Dievo jėgos darbai visada jį lydėjo.

Antra, turime išsiugdyti dvasinę meilę.

Šiandien meilė labai sumažėjo. Nors daug žmonių sako vienas kitam: „Aš myliu tave," laikui bėgant, pamatome, kad dažniausiai ši „meilė" būna kūniška ir praeinanti. Dievo meilė yra dvasinė, kuri kasdien auga. Ji išsamiai aprašyta Pirmame laiške korintiečiams, 13-ame skyriuje.

Pirma, „meilė kantri, meilė maloninga, ji nepavydi." Mūsų Viešpats atleido visas mūsų nuodėmes bei ydas ir atvėrė išganymo kelią. Jis kantriai laukia net tų, kas prisidarė nedovanotinų nuodėmių. Galime sakyti, kad mylime Viešpatį, bet ar nesame greiti atidengti savo tikėjimo brolių ir seserų nuodėmių ir ydų? Ar neskubame teisti ir smerkti kitų, kai kas nors mums nepatinka? Ar nepavydime tiems, kam geriau sekasi, ir nenusimename?

Antra, meilė „nesididžiuoja ir neišpuiksta" (4-a eilutė) Net jeigu šloviname Viešpatį, bet širdies gelmėse trokštame kitų pripažinimo, stengiamės pasirodyti ir nepaisome kitų arba priekaištaujame jiems, naudodamiesi užimama padėtimi, tai ne kas kita, bet didžiavimasis ir puikybė.

Trečia, meilė „nesielgia netinkamai, neieško sau naudos, nepasiduoda piktumui, pamiršta, kas buvo bloga" (5-a eilutė). Mūsų nepagarba Dievui ir žmonėms, nepastovi širdis ir permainingas protas, pastangos pranokti kitus, įžeidumas ir polinkis blogai galvoti apie kitus trukdo meilei augti mumyse.

Ketvirta, meilė „nesidžiaugia neteisybe, su džiaugsmu pritaria tiesai" (6-a eilutė). Jeigu mylime, turime visada vaikščioti tiesoje ir džiaugtis ja. Kaip parašyta Trečiame Jono laiške 1, 4: „Aš nerandu didesnio džiaugsmo, kaip klausytis, jog mano vaikai gyvena tiesoje," tiesa turi būti mūsų džiaugsmo ir laimės šaltinis.

Penkta, meilė „visa pakelia, visa tiki, viskuo viliasi ir visa ištveria" (7-a eilutė). Tikrai mylintieji Dievą žino Dievo valią ir viskuo tiki. Tikrai tikintieji drąsiai žvelgia į ateitį ir tvirtai tiki Viešpaties sugrįžimu, tikinčiųjų prisikėlimu ir dangiškuoju atlygiu bei viliasi visų šių dalykų, ištveria visus sunkumus ir stengiasi įvykdyti Dievo valią.

Norėdamas parodyti savo meilę tiems, kas paklūsta gerumo ir meilės bei kitoms Biblijoje surašytoms tiesoms Dievas, kuris yra šviesa, suteikia jiems savo jėgos dovaną. Jis taip pat trokšta išklausyti visus, kas stengiasi vaikščioti šviesoje, ir atsakyti į jų maldas.

Todėl ištirkite save ir atiduokite savo širdį Dievui, jeigu trokštate Dievo palaiminimų ir atsakymų į maldas, tapkite tinkamais Jo indais ir patirkite Dievo jėgą, meldžiu mūsų Viešpaties Jėzaus Kristaus vardu!

6 skyrius
Aklieji praregės

Evangelija pagal Joną 9, 32-33

*Nuo amžių negirdėta,
kad kas būtų atvėręs
aklo gimusio akis!
Jei šitas nebūtų iš Dievo,
jis nebūtų galėjęs
nieko panašaus padaryti*

Apaštalų darbuose 2, 22-23 Jėzaus mokinys Petras, gavęs Šventąją Dvasią, skelbė žydams pranašo Joelio žodžius ir paskui pasakė: „Izraelio vyrai! Klausykite, ką pasakysiu: Jėzų Nazarietį, Dievo jums patvirtintą galingais darbais, stebuklais ir ženklais, kuriuos per jį nuveikė Dievas tarp jūsų, kaip patys žinote, taigi tą vyrą, Dievo valios sprendimu bei numatymu išduotą, jūs nedorėlių rankomis nužudėte, prikaldami prie kryžiaus." Jėzaus padaryti didingi Dievo jėgos darbai, ženklai ir stebuklai buvo įrodymai liudijantys, kad žydų nukryžiuotas Jėzus tikrai buvo Mesijas, kurio atėjimas buvo išpranašautas Senajame Testamente.

Petras taip pat prisipildė Dievo jėgos, gavęs Šventąją Dvasią. Jis išgydė luošą elgetą (Apaštalų darbai 3, 8), ir žmonės net į gatves nešdavo ligonius ir ten guldydavo ant neštuvų bei lovų, kad Petrui praeinant pro šalį, bent jo šešėlis kristų ant gulinčiųjų (Apaštalų darbai 5, 15).

Antgamtiška jėga liudija Dievo buvimą su žmogumi, per kurį ji veikia, ir geriausiai padeda pasėti tikėjimo sėklą netikinčiųjų širdyse, todėl Dievas suteikia savo jėgos žmonėms, kurie tampa tinkami Jam.

Jėzus išgydo žmogų, aklą gimusį

Evangelijos pagal Joną 9-as skyrius pasakoja, kaip Jėzus, eidamas pro šalį, pamatė neregį. Jėzaus mokiniai norėjo sužinoti, kodėl tas žmogus gimė aklas: „Rabi, kas nusidėjo jis pats ar jo tėvai, kad gimė neregys?" (2-a eilutė) Jėzus atsakė, jog tas žmogus gimė neregys todėl, kad jame apsireikštų Dievo darbai (3-a eilutė), paskui spjovė žemėn, padarė purvo iš seilių, patepė juo neregio akis ir tarė: „Eik ir nusiplauk Siloamo tvenkinyje" (6-a ir 7-a eilutės). Kai tas žmogus ir nusiprausė Siloamo tvenkinyje, jo akys atsivėrė.

Nors Biblijoje parašyta apie daug kitų žmonių, kuriuos Jėzus išgydė, viena aplinkybė išskiria šį aklą gimusį žmogų iš visų kitų išgydytųjų. Jis neprašė Jėzaus išgydyti jį. Jėzus pats priėjo prie šio žmogaus ir visiškai išgydė jį.

Kodėl šis neregys nuo gimimo sulaukė tokios didžiulės malonės?

Pirma, šis žmogus buvo paklusnus.

Paprastam žmogui atrodo labai keista viskas, ką darė Jėzus – spjovė žemėn, padarė purvo, patepė aklajam akis ir liepė nusiplauti Siloamo tvenkinyje. Sveikas protas neleidžia galvoti, kad nuo gimimo aklas žmogus gali praregėti patepus purvu jam akis ir nuplovus vandeniu. Ir jeigu šis žmogus išgirdo paliepimą nežinodamas, kas buvo Jėzus, turėjo, kaip būtų pasielgę dauguma žmonių, ne tik nepatikėti, bet ir labai supykti. Tačiau šis žmogus buvo visai kitoks. Kai Jėzus paliepė tam neregiui, šis paklusto, nuėjo ir nusiplovė Siloamo tvenkinyje. Tuomet įvykio kvapą gniaužiantis stebuklas, jo nuo gimimo nereginčios akys atsivėrė, ir šis žmogus pirmą kartą savo gyvenime pradėjo matyti.

Jeigu jūs manote, kad Dievo žodis prieštarauja sveikam protui ar gyvenimo patirčiai, pasistenkite paklusti Jo žodžiui su nuolankia širdimi, kaip pasielgė šis aklas gimęs žmogus. Tuomet Dievo malonė nužengs ant jūsų, ir jūs patirsite didingų stebuklų, kaip tas neregys, kuriam Jėzus atvėrė akis.

Antra, nuo gimimo aklo žmogaus dvasinės akys, kurios atskiria tiesą nuo netiesos, buvo reginčios.

Praregėjusio neregio pokalbis su žydais po išgydymo liudija, kad nors jis buvo fiziškai aklas, jo širdis buvo gera ir skyrė gėrį nuo blogio. Žydai, priešingai, buvo dvasiškai akli, užsidarę griežtuose įstatymų rėmuose. Kai žydai paklausė, kaip jis pasveiko, išgydytas žmogus, kuris buvo gimęs aklas, drąsiai pareiškė: „Žmogus, vardu Jėzus, padarė purvo, patepė juo mano akis ir pasakė: 'Eik į Siloamą nusiprausti.' Aš nuėjau, nusiprausiau ir praregėjau" (11-a eilutė).

Nepatikėję žydai surengė praregėjusiam žmogui kryžminę apklausą: „O ką tu manai apie vyrą, atvėrusį tau akis?" Tas žmogus atsakė: „Jis pranašas" (17-a eilutė). Šis žmogus manė, kad jeigu Jėzus turėjo galią išgydyti aklumą,

Jis turėjo būti Dievo žmogus. Ironiška, kad žydai ėmė jį barti: „Šlovink Dievą! Mes žinome, kad tas žmogus nusidėjėlis" (24-a eilutė).

Kodėl jų teiginys buvo nelogiškas? Dievas neatsako į nusidėjėlio prašymus ir tuo labiau neduoda jam jėgos atverti neregio akis ir prisiimti garbę. Nors žydai niekaip negalėjo patikėti ir nepajėgė suprasti to, ką sakė šis žmogus, praregėjęs aklasis toliau drąsiai skelbė tiesą: „Žinome: Dievas nusidėjėlio neišklauso, bet jei kas yra pamaldus ir vykdo jo valią, tokį išklauso. Nuo amžių negirdėta, kad kas būtų atvėręs aklo gimusio akis! Jei šitas nebūtų iš Dievo, jis nebūtų galėjęs nieko panašaus padaryti" (31-a ir 33-a eilutės).

Nuo pat sukūrimo nebuvo girdėta, kad kas būtų atvėręs aklo gimusio akis, todėl išgirdę naujieną apie šį žmogų visi turėjo labai džiaugtis. Tačiau žydų tarpe tvyrojo teisimo, pasmerkimo ir priešiškumo atmosfera. Būdami dvasiškai akli, žydai manė, kad Dievo veikimas yra priešinimasis Jam. Tačiau Biblija mums sako, kad tik Dievas atveria akis neregiams.

Psalmyne 146, 8 parašyta, kad „VIEŠPATS atveria akis akliesiems, VIEŠPATS pakelia gyvenimo palaužtuosius, VIEŠPATS myli teisiuosius." Izaijo knygoje 29, 18 parašyta: "Tą dieną kurčiai išgirs knygos žodžius, aklieji praregės iš savo niūrios tamsybės." Izaijo knyga 35, 5 taip pat sako : „Tada akliesiems bus atmerktos akys, kurtiesiems atvertos ausys." „Tą dieną" ir „Tada" kalbą apie tą laiką, kai Jėzus atėjo į šią žemę ir atvėrė neregiams akis.

Nepaisydami šių Šventojo Rašto žodžių pasidavę piktybėms žydai netikėjo Dievo veikimu per Jėzų ir laikė Jį nusidėjėliu, kuris nepakluso Dievo žodžiui. Nors Viešpaties išgydytas neregys nelabai išmanė įstatymą, turėdamas gerą sąžinę žinojo tiesą, kad Dievas neišklauso nusidėjėlių. Tas žmogus taip pat žinojo, kad tik Dievas gali išgydyti nereginčias akis.

Trečia, patyręs Dievo malonę, nuo gimimo buvęs aklas žmogus atėjo pas Viešpatį ir pasiryžo gyventi naują gyvenimą.

„Mamyte,
viskas taip akina...
Pirmą kartą matau šviesą...
Niekada šito nesitikėjau..."

Jennifer Rodriguez iš Filipinų,
gimusi akla, praregėjo būdama
aštuonerių metų amžiaus

Manmin centrinėje bažnyčioje buvo daugybė atvejų, kai žmonės, buvę prie mirties, atgavo jėgas, ir visos jų gyvenimo bėdos pasitraukė. Tačiau man labai gaila žmonių, kurie patyrę Dievo malonę palieka tikėjimą ir grįžta į pasaulio kelius. Tokie žmonės, atsidūrę skausmuose, verkdami meldžiasi ir sako: „Aš gyvensiu tik Viešpačiui, jeigu Jis mane išgydys." Kai jie sulaukia išgydymo ir palaiminimų, siekdami savo naudos pamiršta Dievo malonę ir nuklysta nuo tiesos. Jeigu jiems ir pavyksta išspręsti savo fizines problemas, tai nieko neduoda, nes jų dvasios keliauja į pragarą, palikę išganymo kelią.

Viešpaties išgydytas nuo gimimo buvęs aklas žmogus turėjo gerą širdį ir nepamiršo gautos malonės. Todėl sutikęs Jėzų jis buvo ne tik išgydytas nuo aklumo, bet ir jo siela buvo išgelbėta. Kai Jėzus paklausė jį: „Ar tiki Žmogaus Sūnų?", šis atsakė: „O kas jis, Viešpatie, kad jį tikėčiau? (35-a ir 36-a eilutės). Jėzus atsakė: „Tu esi jį matęs, dabar jis su tavimi kalba," žmogus sušuko: „Tikiu, Viešpatie!" (37-a ir 38-a eilutės). Šis žmogus ne vien „tikėjo", bet priėmė Jėzų kaip Kristų. Jis drąsiai išpažino tai ir pasiryžo sekti paskui

„Širdis nuvedė mane į tą vietą...
Aš troškau tik malonės...

Dievas davė man didžiulę dovaną.
Labiau negu atgautu regėjimu
džiaugiuosi tuo,
kad susitikau gyvąjį Dievą!"

Maria iš Hondūro, apakusi dešine
akimi, būdama dvejų metukų,
atgavo regėjimą
po Dr. Jaerock Lee maldos

Viešpatį ir gyventi tik Jam.

Dievas nori, kad mes visi ateitume pas Jį su tokia širdimi. Jis nori, kad ieškotume Jo ne vien dėl išgydymo ir palaiminimų. Jis nori, kad mes suprastume Jo tikrąją meilę, kurios dėka Jis nepagailėjo savo vienintelio Sūnaus ir atidavė Jį už mus, ir priimtume Jėzų kaip savo Gelbėtoją. Taip pat turime mylėti jį ne tik žodžiais, bet ir darbais pagal Dievo žodį. Jono pirmas laiškas 5, 3 sako: „nes tai ir yra Dievo meilė vykdyti jo įsakymus. O jo įsakymai nėra sunkūs." Jeigu mes tikrai mylime Dievą, turime atsikratyti visko, kas pikta mumyse, ir kasdien vaikščioti šviesoje.

Kai mes prašome Dievą ko nors su tokiu tikėjimu ir meile, kaip Jis galėtų neatsakyti? Evangelijoje pagal Matą 7, 11 Jėzus sako: „Tad jei jūs, būdami nelabi, mokate savo vaikams duoti gerų daiktų, juo labiau jūsų dangiškasis Tėvas duos gera tiems, kurie jį prašo." Tikėkite, kad mūsų Dievas Tėvas atsakys į savo mylimų vaikų maldas.

Todėl nesvarbu, su kokiomis ligomis ar problemomis jūs ateinate pas Dievą. Pasakykite „Tikiu, Viešpatie!" su

„Gydytojai sakė man,
kad greitai apaksiu...
Viskas pradėjo temti...

Ačiū Tau, Viešpatie,
Tu dovanojai man šviesą...

Aš laukiau tavęs..."

Pastorius Ricardo Morales iš Hondūro,
beveik visiškai apakęs
po nelaimingo atsitikimo,
atgavo regėjimą

tikėjimu, kylančiu iš širdies gelmių, ir kai parodysite savo tikėjimo darbus, Viešpats, kuris išgydė aklą gimusį žmogų, išgydys bet kokias ligas, pavers neįmanomą į įmanomą ir išspręs visas jūsų gyvenimo problemas.

Aklųjų praregėjimai
Manmin centrinėje bažnyčioje

Įsikūrusi 1982 metais Manmin bažnyčia didžiai pagarbino Dievą per daugybės aklųjų praregėjimą. Daug nuo gimimo aklų žmonių atgavo regėjimą po maldos. Taip pat daug silpnaregių, turėjusių nešioti akinius arba kontaktinius lęšius atgavo gerą regėjimą. Toliau paminėsiu kelis iš daugybės nuostabių liudijimų.

Kai skelbiau Dievo žodį Didžiojoje jungtinėje evangelizacinėje kampanijoje Hondūre 2002 metų liepą, manęs klausėsi dvylikos metų amžiaus mergaitė Marija, kuri buvo apakusi dešine akimi po sunkios karštligės, persirgtos, kai jai buvo dveji metukai. Jos tėvai stengėsi išgydyti dukrelės regėjimą, bet niekas nepadėjo. Net ragenos persodinimas Marijai nieko nepakeitė. Praėjus dešimčiai metų po nesėkmingos transplantacijos, Marija dešine akimi nematė net šviesos.

2002 metais nuoširdžiai trokšdama Dievo malonės Marija atvyko į evangelizaciją, ir kai pasimeldžiau už ją, pradėjo matyti šviesą bei greitai atgavo regėjimą. Dievo jėga atgaivino jos dešinės akies negyvus nervus. Ar nenuostabu? Nesuskaičiuojama daugybė žmonių Hondūre džiūgavo, šaukdami: „Dievas tikrai gyvas ir veikia net šiandien!"

Pastorius Ricardo Morales buvo beveik apakęs, bet visiškai pasveiko, suvilgęs savo akis saldžiu Muano vandeniu. Prieš septynerius metus iki evangelizacinės kampanijos Hondūre pastorius Ricardo pateko į eismo įvykį, kuriame buvo sunkiai sužalota jo akių tinklainė, ir jis neteko daug kraujo. Gydytojai pasakė pastoriui Ricardo, kad jis palaipsniui neteks regėjimo ir galiausiai visiškai apaks. Tačiau jis buvo išgydytas 2002 metų konferencijos Hondūro bažnyčių vadovams pirmą dieną. Išgirdęs Dievo žodį, pastorius Ricardo, turėdamas tikėjimą, suvilgė sau akis saldžiu Muano vandeniu, ir jo nuostabai, daiktai aplinkui minutėlei tapo ryškesni. Iš pradžių pastorius Ricardo negalėjo tuo patikėti. Tą vakarą pastorius Ricardo su akiniais atėjo į pirmąjį evangelizacinės kampanijos susirinkimą. Staiga jo akinių stiklai iškrito, ir jis išgirdo Šventosios Dvasios balsą: „Jeigu dabar nenusiimsi akinių, apaksi." Ricardo nusiėmė akinius ir aiškiai matė viską aplinkui. Jo regėjimas visiškai pasitaisė, ir pastorius Ricardo visa širdimi garbino Dievą.

Nairobio Manmin bažnyčioje, Kenijoje, jaunuolis vardu Kombo kartą nuvyko į savo gimtinę maždaug už 400 kilometrų nuo bažnyčios. Jis paskelbė evangeliją savo šeimos nariams ir papasakojo apie stebuklingą Dievo jėgos veikimą Manmin centrinėje bažnyčioje, Seule. Jis meldėsi už juos, dėdamas skepetaitę, kurią liesdamas buvau pasimeldęs. Kombo taip pat padovanojo savo šeimai mūsų bažnyčios išleistą kalendorių.

Išgirdusi anūko skelbiamą evangeliją, Kombo senelė, kuri buvo neregė, karštai trokšdama tarė sau: „Ir aš norėčiau pamatyti Dr. Jaerock Lee nuotrauką," laikydama kalendorių rankose. Tuomet įvyko tikras stebuklas. Kai Kombo senelė atvertė kalendorių, jos akys atsivėrė, ir ji pamatė nuotrauką. Aleliuja! Kombo šeima patyrė Dievo jėgos veikimą, atveriantį akis neregiams ir įtikėjo į gyvąjį Dievą. Be to, kai žinia apie šį įvykį pasklido visame kaime, žmonės paprašė įkurti dukterinę bažnyčią ir jų kaime.

Daugybei Dievo jėgos darbų vykstant visame pasaulyje, šiandien tūkstančiai Manmino dukterinių bažnyčių skelbia šventumo evangeliją iki žemės pakraščių. Kaip pripažinsite Dievo jėgos veikimą ir tikėsite Dievo jėgos darbais, jūs taip pat tapsite Jo palaiminimų paveldėtojais.

Kaip ir Jėzaus laikais, užuot džiaugęsi ir kartu garbinę Dievą, šiandien daug žmonių teisia, smerkia ir kalba prieš Šventosios Dvasios veikimą. Turime žinoti, kad tai baisi nuodėmė, ir Evangelijoje pagal Matą 12, 31-32 Jėzus sako: „Sakau jums: kiekviena nuodėmė ir piktžodžiavimas bus žmonėms atleisti, bet piktžodžiavimas Dvasiai nebus atleistas. Jei kas tartų žodį prieš Žmogaus Sūnų, tam bus atleista, o kas kalbėtų prieš Šventąją Dvasią, tam nebus atleista nei šiame, nei būsimajame gyvenime."

Norėdami nesipriešinti Šventosios Dvasios darbui ir patirti nuostabų Dievo jėgos veikimą, turime garbinti Jį ir trokšti Jo darbų kaip neregys iš Evangelijos pagal Joną 9-ame skyriuje. Pagal tai, kaip žmonės paruoš save tapti indais, tikėjimu priimančiais atsakymus, vieni patirs Dievo jėgos veikimą, o kiti nepatirs.

Psalmyne 18, 26-27 parašyta: „Su ištikimu tu elgiesi ištikimai, su doru žmogumi dorai. Su nuoširdžiu tu elgiesi nuoširdžiai, bet su sukčiumi gudriai." Tegul kiekvienas iš jūsų per tikėjimą Dievu, kuris atlygina už tai, ką mes padarome, ir įvertina mūsų tikėjimo darbus, tampa Jo palaiminimų paveldėtoju, meldžiu mūsų Viešpaties Jėzaus Kristaus vardu!

7 skyrius
Žmonės kelsis, šokinės ir vaikščios

Evangelija pagal Morkų 2, 3-12

Tada keturi vyrai atnešė paralyžiuotą žmogų. Negalėdami dėl minios prinešti jo prie Jėzaus, jie praplėšė stogą namo, kur jis buvo, ir, padarę skylę, nuleido žemyn neštuvus, ant kurių gulėjo paralyžiuotasis. Išvydęs jų tikėjimą, Jėzus kreipėsi į paralyžiuotąjį: „Sūnau, tau atleidžiamos nuodėmės!"
Tenai sėdėjo keletas Rašto aiškintojų, kurie svarstė savo širdyje:
„Kaip jis drįsta taip kalbėti? Juk jis piktžodžiauja! Kas gi gali atleisti nuodėmes, jei ne vienas Dievas?!"
Jėzus, iš karto savo dvasia perpratęs jų mintis, tarė: „Kam taip manote savo širdyje?
Kas lengviau ar pasakyti paralyžiuotam: 'Tau atleidžiamos nuodėmės', ar liepti: 'Kelkis, pasiimk neštuvus ir vaikščiok'?
Bet, kad žinotumėte Žmogaus Sūnų turint galią atleisti žemėje nuodėmes, čia jis tarė paralyžiuotajam, sakau tau: kelkis, imk savo neštuvus ir eik namo!"
Šis atsikėlęs tuojau pasiėmė neštuvus ir visų akyse nuėjo sau. Visi be galo stebėjosi ir šlovino Dievą, sakydami: „Tokių dalykų mes niekada nesame matę"

Biblija pasakoja, kaip Jėzus išgydė daug paralyžiuotųjų bei luošųjų, ir jie didžiai garbino Dievą. Kaip Dievas pažadėjo Izaijo knygoje 35, 6: „Tada raišasis šokinės tartum elnias, dainuos iš džiaugsmo nebylio liežuvis" ir Izaijo knygoje 49, 8: „Malonės metu tave išklausau, išganymo dieną tau padedu. Sukūriau tave, paskyriau tave Sandora tautai, kad atstatytum kraštą ir išdalytum nuniokotus paveldus," Jis ne tik išklausys mus, bet nuves į išganymą.

Šiandien Manmin centrinėje bažnyčioje nesiliauja liudijimai apie ligonius, kurie paveikti stebuklingos Dievo jėgos pradėjo vaikščioti pakilę iš vežimėlių ir palikę savo ramentus.

Su kokiu tikėjimu paralitikas, apie kurį pasakoja Evangelijos pagal Morkų 2-as skyrius, atgabentas pas Jėzų buvo išklausytas ir palaimintas išgelbėjimu? Meldžiuosi, kad tie iš jūsų, kas dabar negali vaikščioti dėl tos pačios ligos, atsistotų ir vėl imtų vaikščioti ir bėgioti.

Paralitikas išgirsta naujieną apie Jėzų

Evangelijos pagal Morkų 2-as skyrius smulkiai aprašo, kaip Jėzus išgydė paralitiką Kafarnaume. Šiame mieste gyveno vargšas paralitikas, kuris negalėjo net atsisėsti be kitų pagalbos ir gyveno tik todėl, kad negalėjo numirti. Tačiau jis išgirdo naujieną apie Jėzų, kuris atveria akis akliesiems, pakelia ant kojų luošius, išvaro piktąsias dvasias ir išgydo žmones iš visų ligų. Šis žmogus buvo geros širdies ir išgirdęs naujienas apie Jėzų nuoširdžiai troško Jį susitikti. Vieną dieną paralitikas išgirdo, kad Jėzus atėjo į Karfarnaumą. Kaip jis turėjo jaudintis ir džiaugtis, laukdamas susitikimo su Jėzumi? Tačiau paralitikas negalėjo paeiti, todėl prašė draugų nunešti jį pas Jėzų. Laimei, jo draugai buvo taip pat daug girdėję apie Jėzų ir sutiko padėti savo bičiuliui.

Paralitiko draugai atneša jį pas Jėzų

Paralitikas su draugais atvyko prie namo, kuriame Jėzus mokė žmones, bet dėl didžiulės minios negalėjo prieiti net prie durų, nekalbant apie patekimą vidun. Aplinkybės neleido paralitikui ir jo draugams patekti pas Jėzų. Tikriausiai jie prašė žmonių: „Prašau praleisti! Mes turime labai sunkų ligonį!" Tačiau namas ir kiemas buvo sausakimši žmonių. Jeigu paralitikas ir jo draugai būtų turėję nepakankamą tikėjimą, būtų sugrįžę namo nesusitikę su Jėzumi.

Tačiau, užuot nuleidę rankas, jie parodė savo tikėjimą. Pagalvoję, kaip jiems patekti pas Jėzų, paralyžiuotojo draugai ėmėsi paskutinės priemonės ir pradėjo ardyti namo stogą virš Jėzaus. Nors vėliau jiems teko atsiprašyti namo savininko ir sumokėti už padarytą žalą, paralitiko draugai žūtbūt stengėsi patekti pas Jėzų, trokšdami, kad jų bičiulis būtų išgydytas.

Tikėjimas yra lydimas darbų, o tikėjimo darbus galima padaryti tik nusižeminus, tik su nuolankia širdimi. Ar niekada negalvojote ir nesakėte sau: „Nors ir noriu nueiti bažnyčią, bloga sveikata neleidžia"? Jeigu paralitikas būtų ir šimtą kartų pasakęs: „Viešpatie, aš tikiu, kad tu žinai, jog aš negaliu ateiti pas tave, esu paralyžiuotas, ir tikiu, kad išgydysi mane gulintį lovoje," jis nebūtų parodęs tikėjimo.

Paralyžiuotasis bet kokia kaina veržėsi pas Jėzų, kad būtų išgydytas. Jis buvo įsitikinęs, kad pasveiks, kai susitiks su Jėzumi, ir paprašė savo draugų nunešti jį pas Jėzų. Ligonio draugai taip pat turėjo tikėjimą, todėl pasitarnavo paralyžiuotam bičiuliui ir net išdrįso padaryti skylę ne savo namo stoge.

Jeigu jūs tikrai tikite, kad Dievas jus išgydys, atėjimas pas Jį yra jūsų tikėjimo įrodymas. Todėl praardę skylę stoge paralyžiuotojo draugai nuleido jį su neštuvais prie Jėzaus. Tais laikai Izraelyje namų stogai buvo plokšti, ir laiptai prie kiekvieno namo leido lengvai užlipti ant stogo. Be to, stogą dengiančios plokštės lengvai nusiimdavo. Taip vargšas ligonis atsidūrė prie Jėzaus arčiau už kitus.

Mes būname išklausyti, kai atsikratome nuodėmių

Evangelija pagal Morkų 2, 5 sako, kad Jėzus pamatė paralyžiuotojo ir jo draugų tikėjimą. Kodėl prieš išgydydamas ligonį Jėzus pasakė: „Sūnau, tau atleidžiamos nuodėmės"? Todėl, kad nuodėmių atleidimą būtina gauti prieš išgydymą.

Išėjimo knygoje 15, 26 Dievas mums sako: „Jeigu iš tikrųjų klausysite VIEŠPATIES, savo Dievo, balso, sakė jis, ir darysite, kas dora jo akyse, paisydami jo įsakymų ir laikydamiesi visų jo nuostatų, nevarginsiu jūsų jokia liga, kuriomis varginau egiptiečius, nes esu jus gydantis VIEŠPATS." Ligos, kuriomis Viešpats vargino egiptiečius, čia reiškia visas žmonių ligas. Jeigu vykdysime Jo įsakymus ir gyvensime pagal Jo žodį, Dievas mus saugos, ir jokia liga nevargins mūsų. Pakartoto Įstatymo knygos 28-ame skyriuje Dievas sako, kad jeigu klausysime Jo ir gyvensime pagal Jo žodį, jokia liga nepalies mūsų kūno. Evangelijos pagal Joną 5-ame skyriuje Jėzus, išgydęs, trisdešimt aštuonerius metus sirgusį žmogų, pasakė jam: „Daugiau nuodėmių nebedaryk, kad neatsitiktų kas blogesnio!" (14-a eilutė).

Kadangi visos ligos kyla iš nuodėmės, prieš išgydydamas paralyžiuotąjį Jėzus atleido jam visas kaltes. Tačiau atėjimas pas Jėzų ne visada baigiasi nuodėmių atleidimu. Norėdami būti išgydyti turime atgailauti už savo nuodėmes ir palikti jas. Jeigu tu buvai nusidėjėlis, turi liautis daręs nuodėmes; jei buvai melagis, turi nebemeluoti; o jeigu nekentei kitų, turi atsikratyti neapykantos. Dievas suteikia nuodėmių atleidimą tik tiems, kas paklūsta Jo žodžiui. Išpažinimas „aš tikiu" nesuteikia jums atleidimo; tik atėjus į šviesą, Viešpaties kraujas apvalo mus nuo visų nuodėmių (1 Jono pirmas laiškas 1, 7).

Paralitikas ėjo Dievo jėgos paliestas

Evangelijos pagal Morkų 2-ame skyriuje parašyta, kad gavęs nuodėmių atleidimą paralyžiuotasis atsikėlė, pasiėmė neštuvus ir visų akyse išėjo. Atgabentas pas Jėzų, tas žmogus gulėjo ant neštuvų ir buvo išgydytas tą akimirką, kai Jėzus jam tarė: „Sūnau, tau atleidžiamos nuodėmės!" (5-a eilutė). Tačiau užuot džiaugęsi išgydymu, įstatymo mokytojai puolė piktintis. Kai Jėzus pasakė žmogui: „Sūnau, tau atleidžiamos nuodėmės," jie galvojo: „Kaip jis drįsta taip kalbėti? Juk jis piktžodžiauja! Kas gi gali atleisti nuodėmes, jei ne vienas Dievas?!" (7-a eilutė)

Tuomet Jėzus jiems tarė: „Kam taip manote savo širdyje? Kas lengviau ar pasakyti paralyžiuotam: 'Tau atleidžiamos nuodėmės', ar liepti: 'Kelkis, pasiimk neštuvus ir vaikščiok'? Bet, kad žinotumėte Žmogaus Sūnų turint galią atleisti žemėje nuodėmes" (nuo 8-os iki 10-os eilutės). Kai Jėzus, paaiškinęs jiems Dievo apvaizdą, tarė paralyžiuotajam: „Sakau tau: kelkis, imk savo neštuvus ir eik namo!", (11-a eilutė) šis iš karto atsikėlė ir nuėjo. Kitaip tariant, paralyžiuotojo išgydymas reiškia, kad jis gavo nuodėmių atleidimą, o Dievas patvirtino kiekvieną Jėzaus ištartą žodį. Taip pat tai įrodymas, kad visagalis Dievas padarė Jėzų žmonijos Gelbėtoju.

Neįgalieji ir šiandien keliasi, šokinėja ir eina

Evangelijoje pagal Joną 14, 11 Jėzus mums sako: „Tikėkite manimi, kad aš esu Tėve ir Tėvas manyje. Tikėkite bent dėl pačių darbų!" Todėl turime tikėti, kad Dievas Tėvas ir Jėzus viena, ir tai liudija faktas, kad paralyžiuotasis, atneštas pas Jėzų su tikėjimu, pašoko ir ėjo, Jėzui įsakius.

Toliau Evangelijoje pagal Joną 14, 12 Jėzus sako mums: „Iš tiesų, iš tiesų sakau jums: kas mane tiki, darys darbus, kuriuos aš darau, ir dar už juos didesnių, nes aš keliauju pas Tėvą." Kai aš patikėjau Dievo žodžiu šimtu procentų po to, kai buvau pašauktas tapti Dievo tarnu, aš daug, daug dienų pasninkavau ir meldžiausi, kad gaučiau Jo jėgos. Dėl šios priežasties nuo pat jos įkūrimo Manmin bažnyčioje gausu liudijimų apie išgydymus nuo ligų, kurių negali išgydyti naujausi medicinos pasiekimai.

Kiekvieną kartą, kai visa bažnyčia išlaikydavo išbandymus palaiminimais, ligonių sveikimas pagreitėdavo ir vis sunkesnės ligos buvo išgydomos. Kasmetiniuose dviejų savaičių specialiuose prabudimo seminaruose, rengtuose nuo 1993 iki 2004 metų ir Didžiosiose evangelizacinėse kampanijose labai daug žmonių iš viso pasaulio patyrė stulbinančią Dievo jėgą.

Štai keli iš gausybės liudijimų apie atsistojusius ir ėmusius šokinėti vaikščioti buvusius neįgalius žmones.

Išgijimas po devynerių metų, praleistų neįgaliojo vežimėlyje

Pirmasis liudijimas apie diakoną Yoonsupą Kimą. 1990 metų gegužės mėnesį jis nukrito iš penkių aukštų namo aukščio, dirbdamas elektriko darbą Taedoko mokslų mieste, Pietų Korėjoje. Iškart po nelaimės jis buvo nuvežtas į Sun ligoninę Yoosunge, Choongnamo provincijoje, kur šešis mėnesius išbuvo komoje. Kai jis pabudo iš komos, lūžę vienuoliktas ir dvyliktas stuburo slanksteliai bei ketvirto ir penkto slankstelių išvarža kėlė nepakeliamą skausmą. Gydytojai pasakė Kimui, kad jo būklė yra kritiška. Jis daug kartų gulėjo skirtingose ligoninėse, tačiau niekas nepasikeitė, ir Kimui buvo pripažintas pirmos grupės neįgalumas. Kimas turėjo visą laiką dėvėti įtvarą ant juosmens. Be to, jis negalėjo gulėti ir turėjo miegoti sėdėdamas.

Šiuo sunkiu metu Kimas išgirdo evangeliją, atvyko į Manmin bažnyčią ir pradėjo gyvenimą Kristuje. Atvykęs į Specialųjį dieviško išgydymo susirinkimą 1998 metų lapkritį, Kimas patyrė neįtikėtiną dalyką. Prieš susirinkimą jis negalėjo atsigulti ir savarankiškai naudotis tualetu. Po

„Mano sustingę kojos ir
liemuo...
Sustingusi širdis...

Aš negalėjau gulėti,
negalėjau vaikščioti...
Kuo man pasikliauti?

Kas priims mane?
Kaip man gyventi?"

Diakonas Yoonsup Kim su savo
nugaros įtvaru ir neįgaliojo vežimėliu

*„Aleliuja!
Dievas yra gyvas!
Ar matote mane einantį?"*

Diakonas Kim džiūgauja su "Manmin" bažnyčios nariais, išgijęs per Dr. Jaerock Lee maldą

mano maldos jis pakilo iš savo vežimėlio ir galėjo paeiti su ramentais.

Siekdamas visiško išgijimo diakonas Kimas uoliai lankė visus bažnyčios susirinkimus ir be paliovos meldėsi. Be to, ruošdamasis Septintajam specialiam dviejų savaičių prabudimo seminarui 1999 metų gegužę, jis pasninkavo dvidešimt vieną dieną. Kai aš meldžiausi už ligonius sakykloje pirmajame susirinkime, diakonas Kimas pajuto stiprią šviesą, krintančią ant jo, ir regėjime pamatė save bėgantį. Antrą seminaro savaitę, kai meldžiausi uždėjęs ant jo rankas, jis pajuto, kad jo kūnas palengvėjo. Kai Šventosios Dvasios ugnis nužengė ant jo ir palietė jam kojas, jis antgamtiškai sustiprėjo. Jis nusiėmė įtvarą, paliko ramentus, pradėjo laisvai vaikščioti ir judinti liemenį.

Dievo jėga suteikė diakonui Kimui gebėjimą normaliai vaikščioti. Jis važinėja dviračiu ir uoliai tarnauja bažnyčioje. Neseniai diakonas Kimas vedė ir tikrai laimingai gyvena.

Stebuklingi išgijimai per užmelstas skepetėles

Manmin bažnyčioje vyksta tokie pat nepaprasti stebuklai, kaip aprašyti Biblijoje; didinga Dievo garbė apsireiškia juose. Dievo jėga dažnai veikia ir per užmelstas skepetėles.

Apaštalų darbuose 19, 11-12 parašyta, kad „Pauliaus rankomis Dievas padarydavo nepaprastų stebuklų. Žmonės net dėdavo ligoniams jo kūną lietusias skepetėles, prijuostes, ir nuo jų pasitraukdavo ligos, išeidavo piktosios dvasios." Panašiai, kai žmonės deda mano užmelstas skepetėles ar bet kokius daiktus, lietusius mano kūną, ant ligonių, vyksta stebuklingi išgydymai. Todėl žmonės iš daug šalių prašė mūsų surengti maldos susirinkimus su skepetėlėmis pas juos. Daugybė žmonių Afrikos šalyse, Pakistane, Indonezijoje, Filipinuose, Hondūre, Japonijoje, Kinijoje, Rusijoje ir kitose šalyse patiria nepaprastus stebuklus.

2001 metų balandį vienas iš Manmin bažnyčios pastorių vedė maldos susirinkimus su skepetėlėmis Indonezijoje, ir ten daugybė žmonių buvo išgydyti bei garbino gyvąjį Dievą. Vienas iš jų – buvęs valstijos gubernatorius, prikaustytas prie neįgaliojo vežimėlio. Kai jis pasveiko po maldos, uždėjus skepetėlę, apie tai pranešė visos žiniasklaidos priemonės.

2003 metų gegužę kitas pastorius iš Manmin bažnyčios vedė maldos susirinkimus su skepetėlėmis Kinijoje. Tarp gausybės išgydytųjų vienas žmogus ėmė vaikščioti be ramentų, nepaėjęs be jų trisdešimt aštuonerius metus.

2002 metais Ganeshas numeta savo ramentus Stebuklingų išgydymų maldos šventėje Indijoje

2002 metais Stebuklingų išgydymų maldos šventėje Indijoje, kuri vyko Marina paplūdimyje, Čenajuje, kur dauguma gyventojų yra induistai, dalyvavo virš trijų milijonų žmonių. Jie tapo antgamtiškos Dievo jėgos veikimo liudininkais, ir daug jų atsivertė į krikščionybę. Prieš šią šventę sustingę kaulai ir negyvi nervai po maldų paprastai atgydavo lėtai. Po evangelizacinės kampanijos Indijoje, stebuklingi išgydymai nebepaisė įprastų procesų žmogaus kūne.

„Aš nebejaučiu devynių vinių, kurie spaudė mano kūną ir kaulus!

Negalėjau net atsistoti dėl skausmo, bet dabar aš vaikštau!"

Ganesh vaikšto be ramentų, pasimeldus Dr. Jaerock Lee

Šešiolikmetis berniukas vardu Ganeshas patyrė stebuklingą išgydymą. Jis nukrito nuo dviračio ir susižeidė dešinį dubens kaulą. Sunki finansinė padėtis namuose neleido jam tinkamai gydytis. Po metų ant kaulo atsirado auglys, ir teko pašalinti dešinį dubens kaulą. Gydytojai pritvirtino ploną metalinę plokštelę prie šlaunikaulio bei likusios dubens dalies, prikaldami devyniomis vinimis. Nepakeliamas skausmas, kurį kėlė vinys kauluose, neleido jam lipti laiptais ir paeiti be ramentų.

Išgirdęs apie maldos šventę Ganeshas atvyko į ją ir patyrė Šventosios Dvasios ugnies veikimą. Antrąją keturių dienų šventės dieną, kai meldėmės už ligonius, jis pajuto, kad jo kūnas kaista, lyg būtų panardintas į katilą verdančio vandens, ir skausmas visiškai pradingo. Jis iš karto užlipo ant pakylos ir paliudijo apie savo išgijimą. Jam nieko nebeskaudėjo, nebereikėjo ramentų, jis pradėjo laisvai vaikščioti ir bėgioti.

Moteris pakyla iš savo vežimėlio Dubajuje

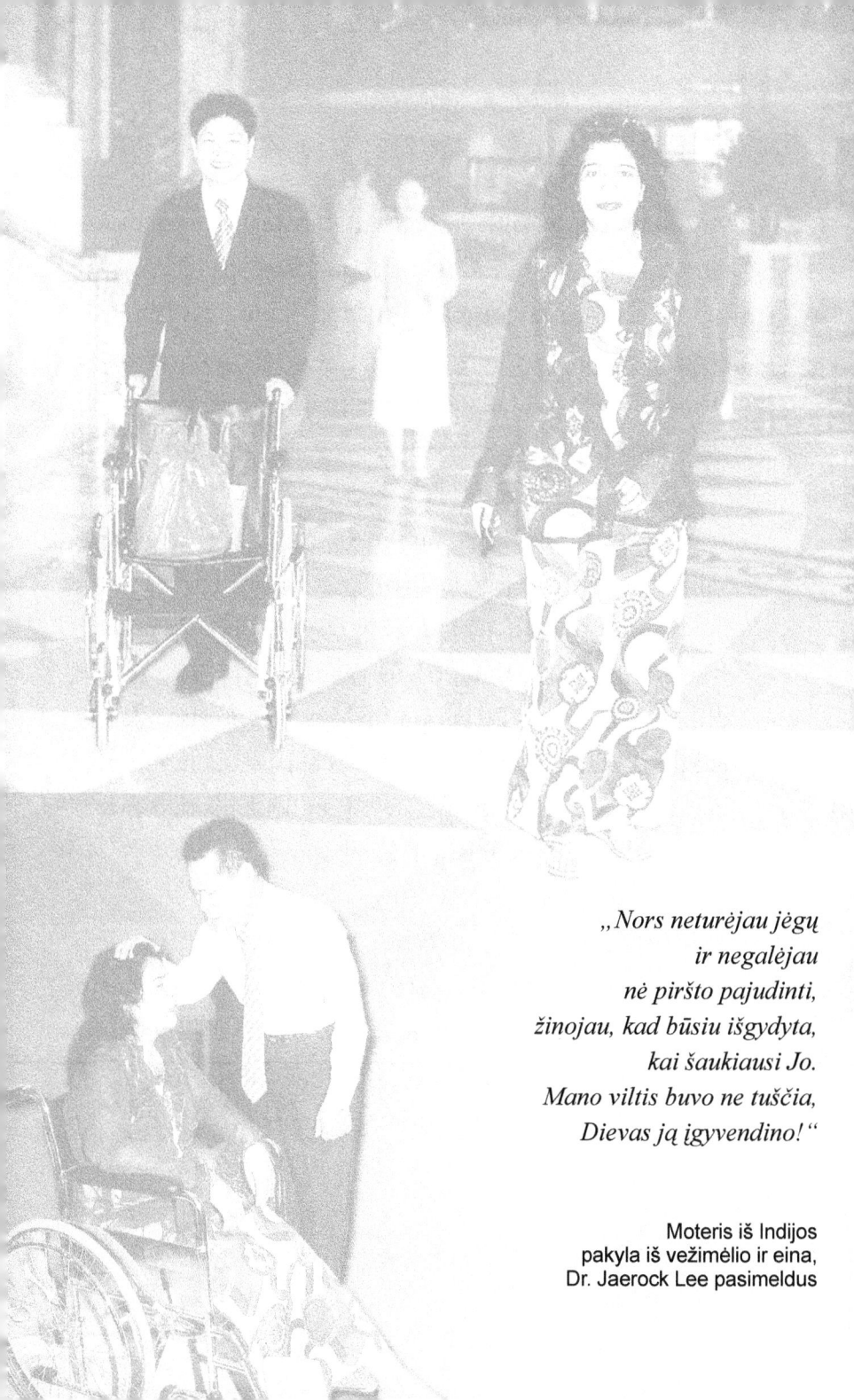

„Nors neturėjau jėgų
ir negalėjau
nė piršto pajudinti,
žinojau, kad būsiu išgydyta,
kai šaukiausi Jo.
Mano viltis buvo ne tuščia,
Dievas ją įgyvendino!"

Moteris iš Indijos
pakyla iš vežimėlio ir eina,
Dr. Jaerock Lee pasimeldus

2003 metų balandį, kai buvau Dubajuje, Jungtiniuose Arabų Emyratuose, indų tautybės moteris pakilo iš savo vežimėlio iš karto po mano maldos. Ji buvo išsilavinusi moteris, studijavusi Jungtinėse Valstijose. Ji liko neįgali po automobilio avarijoje patirtų traumų komplikacijų, ir ją ištiko sunkus psichologinis šokas.

Kai pirmą kartą pamačiau šią moterį, ji negalėjo vaikščioti, jai trūko jėgų kalbėti. Ji net negalėjo paimti savo nukritusių akinių. Ji neturėjo jėgų rašyti ir negalėjo pakelti stiklinės vandens. Kai kiti vos paliesdavo ją, ji jausdavo didžiulį skausmą. Tačiau po maldos ši moteris iš karto pakilo iš vežimėlio. Net aš labai stebėjausi šia moterimi, kuri prieš kelias minutes neturėjo jėgų net kalbėti, o dabar pasiėmė savo daiktus ir išėjo iš kambario.

Jeremijo knyga 29, 11 sako: „Laiduoju tikrai žinąs, ką užsimojau dėl jūsų, tai VIEŠPATIES žodis, dėl jūsų gerovės, o ne dėl žalos! Noriu jums suteikti vilties sklidiną ateitį." Mūsų Dievas Tėvas taip myli mus, kad nepagailėjo savo vienintelio Sūnaus ir atidavė Jį už mus.

Net jeigu jūsų gyvenimas vargingas dėl fizinio neįgalumo, jūs turte viltį gyventi laimingai ir pasveikti per tikėjimą į Dievą Tėvą. Jis nenori, kad nė vienas iš jo vaikų kentėtų vargus ir skausmus. Dar daugiau, Jis trokšta visiems žmonėms visame pasaulyje suteikti ramybę, džiaugsmą, laimę ir ateitį.

Per paralitiko išgydymo istoriją Evangelijos pagal Morkų 2-ame skyriuje, jūs sužinojote, ką daryti, kad jūsų maldos būtų išklausytos, ir jūs gautumėte viską, ko trokšta jūsų širdis. Tegul kiekvienas iš jūsų paruošia savo tikėjimo indą ir gauna viską, ko prašo, meldžiu mūsų Viešpaties Jėzaus Kristaus vardu!

8 skyrius
Žmonės džiaugsis, šoks ir giedos

Evangelija pagal Morkų 7, 31-37

*Palikęs Tyro sritis, Jėzus per Sidoną atėjo
prie Galilėjos ežero, į Dekapolio krašto vidurį.
Ten buvo atvestas jam sunkiai kalbantis
kurčius ir prašyta uždėti ant jo ranką.
Jis pasivedėjo jį nuošaliau nuo minios,
įleido savo pirštus į jo ausis,
paseilino ir palietė jam liežuvį,
pažvelgė į dangų, atsiduso ir tarė jam:
„Efata!" tai yra: „Atsiverk!"
Ir tuojau atsivėrė jo klausa,
atsirišo liežuvio ryšys,
ir jis kalbėjo kaip reikia.
Jėzus jiems liepė niekam šito nepasakoti.
Bet kuo labiau jis jiems draudė,
tuo jie plačiau jį skelbė.
Žmonės be galo stebėjosi ir kalbėjo:
„Jis visa gerai padarė!
Jis daro, kad kurtieji girdi ir nebyliai kalba."*

Evangelijoje pagal Matą 4, 23-24 parašyta:

Jėzus vaikščiojo po visą Galilėją, mokydamas sinagogose, skelbdamas karalystės Evangeliją ir gydydamas žmonėse visokias ligas bei negalias. Net visoje Sirijoje pasklido apie jį garsas. Žmonės nešdavo pas jį visus sergančius, įvairiausių ligų bei kentėjimų suimtus demonų apsėstus, nakvišas bei paralyžiuotus, o jis išgydydavo juos.

Jėzus ne tik skelbė Dievo žodį ir gerąją naujieną apie dangaus karalystę, bet ir išgydė daugybę žmonių, kamuojamų visokių ligų. Jėzaus skelbiamas žodis gydė neišgydomas ligas ir pasilikdavo žmonių širdyse. Jėzus vedė žmones į dangų per jų tikėjimą.

Jėzus išgydo kurčnebylį

Evangelijos pagal Morkų 7-as skyrius pasakoja, kaip Jėzus ėjo iš Tyro į Sidoną, paskui prie Galilėjos ežero į Dekapolio kraštą ir išgydė kurčnebylį. Žmogus buvo „sunkiai kalbantis," jis mikčiojo ir negalėjo sklandžiai kalbėti. Tikriausiai jis išmoko kalbėti, kai buvo vaikas, bet vėliau apkurto ir dabar buvo „sunkiai kalbantis".

Dauguma kurčnebylių nemoka kalbėti dėl kurtumo, tuo tarpu neprigirdėjimas yra klausos sutrikimas. Žmonės tampa kurčnebyliais dėl skirtingų priežasčių. Pirmoji iš jų yra paveldimumas. Kitu atveju žmogus gali gimti kurčias, jeigu motina serga raudonuke arba vartoja netinkamus vaistus nėštumo metu. Trečiu atveju vaikas gali tapti kurčnebyliu, jeigu perserga meningitu, būdamas trejų ar ketverių metukų amžiaus, kai dar tik mokosi kalbėti. Neprigirdėjimo atveju, jeigu būna trūkęs ausies būgnelis, klausos aparatas pagerina girdėjimą. Jeigu pažeistas klausos nervas, nepadės joks klausos aparatas. Taip pat, kai žmogaus klausa nusilpsta, dirbant triukšmingoje aplinkoje arba senyvame amžiuje, sakoma, kad tai nepagydoma.

Be to, žmogus gali tapti kurčnebyliu dėl demonų apsėdimo. Šiuo atveju, kai dvasinę valdžią turintis žmogus išvaro piktąsias dvasias, nelaimingasis iš karto ima girdėti ir kalbėti. Evangelijoje pagal Morkų 9, 25-27, kai Jėzus sudraudė piktąją dvasią, neleidžiančią berniukui girdėti ir kalbėti, tardamas: „Nebyle ir kurčia dvasia, įsakau tau, išeik iš jo ir daugiau nebegrįžk!" (25-a eilutė), piktoji dvasia iškart paliko berniuką, ir šis pasveiko.

Tikėkite, kad Dievui veikiant, jokia liga ar negalia neįveiks jūsų. Jeremijo knyga 32, 27 sako: „Štai aš VIEŠPATS, visos žmonijos Dievas! Argi yra man kas neįmanoma?" Psalmyne 100, 3 parašyta: „Žinokite, kad VIEŠPATS Dievas. Jis mus sukūrė, ir mes priklausome jam, mes jo tauta ir jo kaimenės avys." Taip pat Psalmyne 94, 9 pasakyta: „Nejau tas, kuris įdėjo ausis, negirdės? Nejau tas, kuris padarė akis, nematys?" Kai visa širdimi tikime į visagalį Dievą Tėvą, kuris sukūrė mūsų akis ir ausis, viskas yra įmanoma. Štai kodėl Jėzui, atėjusiam į šią žemę kūne, viskas buvo įmanoma. Kaip parašyta Evangelijos pagal

Morkų 7-ame skyriuje, kai Jėzus išgydė kurčnebylį, šio klausa atsivėrė, ir jis kalbėjo kaip reikia.

Kai mes ne tik tikime Jėzumi Kristumi, bet prašome Dievo jėgos su brandžiu tikėjimu, Biblijoje aprašyti stebuklai vyksta ir šiandien. Laiškas hebrajams 13, 8 sako: „Jėzus Kristus yra tas pats vakar ir šiandien, tas pats ir per amžius," o Laiškas efeziečiams 4, 13 ragina mus stengtis, „kol visi pasieksime tikėjimo vienybę ir Dievo Sūnaus pažinimą, tapsime tikrais vyrais pagal Kristaus pilnatvės amžiaus saiką."

Tačiau kūno organų degeneracija bei negyvų nervų sukeltas kurtumas ir nebylumas negali būti išgydyti, net turint išgydymo dovaną. Išgydymas įvyksta tik tada, kai žmogus, pasiekęs pilną saiką Jėzaus Kristaus pilnatvės, gavęs jėgos ir valdžią iš Dievo, meldžiasi pagal Jo valią.

Išgydyti nuo kurtumo žmonės
gieda padėkos giesmę

*„ Tu dovanojai mums gyvenimą,
mes vaikščiosime
šioje žemėje,
ilgėdamiesi Tavęs.*

*Mano siela, tyra kaip lelijos,
ateina pas Tave."*

Diakonė Napshim Park garbina Dievą,
išgydyta nuo 55 metus trukusio kurtumo

Dievas gydo kurtumą Manmin bažnyčioje

Aš esu gausybės neprigirdinčių ir kurčių nuo gimimo žmonių išgydymų liudininkas. Du žmonės pirmą kartą gyvenime išgirdo garsus, kai vienam buvo penkiasdešimt penkeri, o kitam penkiasdešimt septyneri.

2000 metų rugsėjį, kai vadovavai Stebuklingų išgydymų maldos šventei Nagojoje, Japonijoje, trylika žmonių, kurie turėjo sutrikusią klausą, pasveiko iš karto, kai pasimeldžiau už juos. Ši naujiena pasklido tarp neprigirdinčiųjų Korėjoje, ir daug jų atvyko į devintą dviejų savaičių specialų prabudimo seminarą 2001 metų gegužę, buvo išgydyti ir didžiai pašlovino Dievą.

Tarp jų buvo trisdešimt trejų metų amžiaus moteris, likusi kurčnebyle po nelaimingo atsitikimo, kuris įvyko, kai jai buvo aštuoneri. Atėjusi į mūsų bažnyčią, likus nedaug laiko iki 2001 metų seminaro, ji ruošėsi ir mokėsi gauti atsakymus į maldas. Ši moteris kasdien dalyvavo

„Danieliaus maldos susirinkime" ir prisimindama praeities nuodėmes, sulūžusia širdimi atgailavo už jas. Pasiruošusi prabudimo seminarui ji atvyko, karštai trokšdama išgydymo. Paskutinę seminaro dieną, kai meldžiausi už kurčnebylius, dėdamas ant jų rankas, ji nepajuto jokių sveikatos pasikeitimų. Tačiau, užuot nusivylusi, ji džiaugėsi kitų patirtais išgydymais ir dėkojo už juos bei dar karščiau tikėjo, kad ir ji gali pasveikti.

Dievas pažvelgė į jos tikėjimą ir išgydė šią moterį netrukus po seminaro. Aš mačiau Dievo jėgos veikimą, net seminarui pasibaigus. Medikų atliktas klauso patikrinimas patvirtino, kad ji puikiai girdi abiem ausimis. Aleliuja!

Įgimto kurtumo išgydymas

Dievo jėgos veikimas buvo vis galingesnis kiekvienais metais. 2002 metais Hondūro evangelizacinėje kampanijoje daugybė kurčnebylių pradėjo girdėti ir kalbėti. Kai apsaugos viršininko duktė vieno susitrinkimo metu buvo išgydyta nuo įgimto kurtumo, ji be galo džiaugėsi ir dėkojo.

Viena aštuonmetės Madeline Yaimin Bartres ausis buvo nenormali, ir mergaitė palaipsniui apkurto šia ausimi. Išgirdusi apie evangelizaciją Madeline prašė savo tėvą ją nusivesti. Ji patyrė didžiulę malonę šlovinimo metu, ir po mano maldos už visus ligonius ėmė aiškiai girdėti. Jos tėvas ištikimai dirbo mums visos kampanijos metu, ir Dievas stebuklingai palaimino jo vaiką.

2002 metais Stebuklingų išgydymų maldos šventėje Indijoje Jenniferė išsiėmė klausos aparatus

Nors mes negalėjome užregistruoti nesuskaičiuojamos daugybės išgydymų liudijimų per Indijos maldos šventę ir po jos, keli iš jų įkvepia atnešti ypatingą padėką ir garbę Dievui. Vienas iš jų yra mergaitės vardu Jenniferė istorija. Ji

Jennifer išgydyta iš įgimto kurtumo ir apžiūrima savo gydytojo

CHURCH OF SOUTH INDIA
MADRAS DIOCESE
C. S. I. KALYANI MULTI SPECIALITY HOSPITAL
15, Dr. Radhakrishnan Salai, Chennai-600 004. (South India)

Phone: 857 11 01 / 858 23 05

Ref. No. _____   Date: 15/10/02

To whom it may concern

Miss Jennifer aged 5 yrs has been examined by me at CSI Kalyani Hospital for her hearing.

After interacting with the child and observing her and after examining the child, I have come to the conclusion that Jennifer has definitely good hearing improvement now than before she was prayed for. Her mother's observation of her child is far more important and the mother has definitely noticed marked improvement in her child's hearing ability. Jennifer hears much better without the hearing aid, responding to her name being called when as previously she was not without the aid.

Medical Officer,
C. S. I. KALYANI GENERAL HOSPITAL

Audiogram Results: Responds to severe sensori-neural hearing loss in 50% - 70% hearing loss (deafness)

buvo kurčnebylė nuo gimimo. Gydytojai parekomendavo klausos aparatus, kurie leido truputį girdėti, bet pasakė, kad ji niekada gerai negirdės.

Jenniferės motina kiekvieną dieną meldėsi už savo dukrelės išgydymą, ir jos abi atėjo į mūsų maldos šventę. Motina su dukra atsisėdo prie pat didelių garsiakalbių, nes jų artumas padėjo Jenniferei girdėti. Paskutinę maldos šventės dieną susirinko ypač daug žmonių, ir joms nebeliko vietos prie garsiakalbių. Tuomet įvyko kai kas neįtikėtina. Vos man baigus maldą iš sakyklos už visus ligonius, Jenniferė pasakė savo mamai, kad garsas per stiprus, ir paprašė išimti klausos aparatus. Aleliuja!

Medicinos kortelės duomenis, prieš išgydymą be klausos aparatų Jenniferė nereagavo net į stipriausią garsą. Kitaip tariant, Jenniferė buvo šimtu procentų kurčia, bet po maldos ji atgavo nuo 30 iki 50 procentų klausos. Štai otorinolaringologės Christinos tyrimo išvados:

„Jenniferės, 5 metų amžiaus, klausą patikrinau C.S.I.

Kalyani ligoninėje. Pasikalbėjusi su Jennifere ir apžiūrėjusi ją, priėjau išvados, kad jos klausa nepaprastai pagerėjo po maldos. Jenniferės motina taip pat tuo įsitikinusi. Ji pastebėjo tą patį, ką ir aš: Jenniferės klausa tikrai ir labai stipriai pagerėjo. Šiuo metu Jenniferė gerai girdi be klausos aparatų ir atsiliepia, kai žmonės pašaukia ją vardu. Be klausos aparatų to niekada nebuvo prieš maldą".

Kas su tikėjimu paruošia savo širdį, tikrai patiria antgamtišką Dievo jėgą. Žinoma, daug ligonių pasveiksta ir palaipsniui, jų sveikata gerėja su kiekviena diena, ištikimai gyvenant Kristui.

Dažnai Dievas ne iš karto išgydo kurčius nuo ankstyvos vaikystės. Jeigu jų klausa taptų gera nuo išgydymo akimirkos, jiems būtų sunku pakelti visus garsus. Jeigu žmonės būna netekę klausos suaugę, Dievas gali išgydyti juos akimirksniu, nes jiems lengviau vėl prisitaikyti prie garsų. Tokiais atvejais žmonės būna sutrikę dieną ar dvi, bet paskui nusiramina ir džiaugiasi galėdami viską girdėti.

2003 metų balandį, viešnagės Dubajuje, Jungtiniuose Arabų Emyratuose metu, susitikau trisdešimt dvejų metų moterį, kuri liko nebylė, vaikystėje persirgusi meningitu, kai jai tebuvo dveji metukai. Iš karto po mano maldos, ši moteris labai aiškiai ištarė: „Ačiū!" Maniau, kad tai buvo tik padėkojimas, bet jos tėvai man pasakė, kad paskutinis jų dukters žodis, ištartas prieš trisdešimt metų, buvo „Ačiū".

Kaip patirti Dievo jėgą,
leidžiančią nebyliams kalbėti ir kurtiesiems girdėti
Evangelijoje pagal Morkų 7, 33-35 parašyta:

Jis pasivedėjo jį nuošaliau nuo minios įleido savo pirštus į jo ausis, paseilino ir palietė jam liežuvį, pažvelgė į dangų, atsiduso ir tarė jam: „Efata!" tai yra: „Atsiverk!" Ir tuojau atsivėrė jo klausa, atsirišo liežuvio ryšys, ir jis kalbėjo kaip reikia.

„Efata" hebrajiškai reiškia „Atsiverk". Kai Jėzus įsakė pirminio sukūrimo balsu, žmogaus klausa atsivėrė, ir jis įgavo gebėjimą kalbėti.

Kodėl Jėzus įkišo savo pirštus į to žmogaus ausis, prieš ištardamas: „Efata"? Laiškas romiečiams 10, 17 sako: „Taigi tikėjimas iš klausymo, klausymas kai skelbiamas Kristaus žodis." Šis žmogus negalėjo girdėti, todėl jam buvo sunku įgyti tikėjimą. Be to, jis ne pats atėjo pas Jėzų prašyti išgydymo. Kažkokie žmonės atvedė jį pas Jėzų. Įleisdamas pirštus į šios žmogaus ausis Jėzus padėjo jam įgyti tikėjimą per lytėjimo pojūtį.

Tik supratinę dvasinę prasmę, slypinčiame šiame įvykyje, kuriame Jėzus parodė Dievo jėgos veikimą, mes patirsime Jo jėgą. Ką konkrečiai turime daryti?

Pirma, turime turėti tikėjimą, kad būtume išgydyti.

Net jeigu tikėjimas nedidelis, jis būtinas, kad patirtumėme išgydymą. Tačiau, skirtingai negu Jėzaus laikais, šiandien civilizacijos pažanga įvairiomis priemonėmis, įskaitant gestų kalbą, leidžia išgirsti evangeliją net turintiems klausos negalią. Prieš kelerius metus Manmin bažnyčioje ėmėme visus pamokslus sinchroniškai versti į gestų kalbą. Ankstesni pamokslai taip pat verčiami gestų ir įkeliami į mūsų bažnyčios tinklavietę.

Turintieji noro ir ryžto gali stiprinti savo tikėjimą daugeliu kitų priemonių, įskaitant knygas, laikraščius, žurnalus, vaizdo ir garso įrašus. Kai turite tikėjimą, jūs galite patirti Dievo jėgą. Paminėjau daug stebuklų liudijimų, kad padėčiau jums įgyti tikėjimą.

Antra, turime gauti nuodėmių atleidimą.

Kodėl Jėzus paseilino savo pirštą ir palietė žmogui liežuvį po pirštų įleidimo į jo ausis? Tai dvasiškai simbolizuoja vandens krikštą, kuris buvo būtinas to žmogaus nuodėmių atleidimui. Vandens krikštas reiškia, kad Dievo žodis kaip tyras vanduo nuplauna visas mūsų nuodėmes. Norėdami patirti Dievo jėgą, turime išspręsti nuodėmės problemą. Užuot apvalęs žmogaus sielos nešvarumą vandeniu, Jėzus pakeitė jį savo seilėmis, tai reiškė jo nuodėmių atleidimą. Izaijo knyga 59, 1-2 sako: „VIEŠPATIES ranka nėra sutrumpėjusi, kad negalėtų gelbėti, nei jo ausis apkurtusi, kad neišgirstų. Bet jūsų kaltės atskyrė jus nuo jūsų Dievo, jūsų nuodėmės uždengė jo veidą, ir jis nebegirdi jūsų."

Dievas pažadėjo Metraščių antroje knygoje 7, 14: „Jeigu mano tauta, vadinama mano vardu, nusižemins, melsis, ieškos mano veido ir nusigręš nuo savo nedorų kelių, aš išgirsiu savo dangaus buveinėje, atleisiu nuodėmes ir atgaivinsiu kraštą," todėl norėdami būti Dievo išklausyti, turite sąžiningai ištirti save, perplėšti savo širdį ir atgailauti.

Dėl ko mes turime atgailauti prieš Dievą?

Pirma, jūs turite atgailauti už netikėjimą Dievu ir Jėzaus

Kristaus nepriėmimą. Evangelijoje pagal Joną 16, 9 Jėzus sako, kad Šventoji Dvasia įtikins pasaulį dėl netikėjimo Juo nuodėmės. Jūs turite suprasti, kad netikėjimas Viešpačiu yra nuodėmė, ir patikėti Juo ir Dievu.

Antra, jeigu nemylėjote savo tikėjimo brolių, turite atgailauti. 1 Jono pirmas laiškas 4, 11 sako: „Mylimieji, jei Dievas mus taip pamilo, tai ir mes turime mylėti vieni kitus." Jeigu brolis nekenčia jūsų, užuot atsakę neapykanta, turite būti pakantūs ir atlaidūs. Turite mylėti net savo priešą, ieškoti jo naudos ir galvoti, kaip jaustumėte, būdami jo vietoje. Kai išmoksite mylėti visus žmones, Dievas taip pat parodys jums gailestingumą, suteiks malonę ir išgydys jus.

Trečia, jeigu meldėtės savanaudiškai, turite atgailauti. Dievas nesidžiaugia tais, kas meldžiasi iš savanaudiškų paskatų. Jis neišklausys jūsų. Nuo šiol jūs turite melstis pagal Dievo valią.

Ketvirta, jei meldėtės abejodami, atgailaukite. Jokūbo laiške 1, 6-7 parašyta: „Tegul prašo tikėdamas, nė kiek neabejodamas, nes abejojantis žmogus panašus į jūros bangas, varinėjamas ir blaškomas vėjo. Toksai žmogus tegul nemano ką nors gausiąs iš Viešpaties." Todėl turime melstis tikėdami, kad patiktume Dievui. Be to, Laiške hebrajams 11, 6 pasakyta: „be tikėjimo neįmanoma patikti Dievui," todėl atmeskite abejones ir prašykite tikėdami.

Penkta, jeigu nesilaikėte Dievo įsakymų, turime atgailauti. Evangelijoje pagal Joną 14, 21 Jėzus mums sako: „Kas pripažįsta mano įsakymus ir jų laikosi, tas tikrai mane myli. O kas mane myli, tą mylės mano Tėvas, ir aš jį mylėsiu ir jam apsireikšiu." Kai jūs įrodysite savo meilę Dievui, laikydamiesi Jo įsakymų, būsite Jo išklausomi. Kartais tikintieji patenka į automobilių eismo įvykius. Taip atsitinka todėl, kad dauguma iš jų nešventė Viešpaties dienos arba neatnešė visos savo pajamų dešimtinės. Jie nesilaikė pagrindinių krikščioniško gyvenimo taisyklių, Dešimties Dievo įsakymų, todėl nepatyrė visiškos Dievo apsaugos. Kai kurie ištikimai besilaikantieji Jo įsakymų patenka į avarijas dėl savo klaidų, tačiau jie yra Dievo saugomi. Tokiai atvejais žmonės nenukenčia, net kai jų automobiliai būna visiškai sulamdyti, nes Dievas myli juos ir rodo jiems savo meilę.

Taip pat žmonės, kurie nepažįsta Dievo, dažnai stebuklingai greitai išgyja po maldos, nes pats faktas, kad jie atėjo į bažnyčią, jau yra tikėjimo darbas, ir Dievas veikia juose. Tačiau kai žmonės, turintys tikėjimą ir žinantys tiesą, toliau nesilaiko Dievo įsakymų ir negyvena pagal Jo žodį, tarp jų ir Dievo iškyla siena, ir jie nesulaukia išgydymo. Dievas galingai veikia tarp netikinčiųjų didelėse jungtinėse evangelizacinėse kampanijose užsienio šalyse todėl, kad žmonių, garbinusių stabus, atėjimo į evangelizacinį susirinkimą faktas yra tikėjimo parodymas Dievo akyse.

Šešta, jei nesėjote gerų sėklų, turite atgailauti. Kaip Laiške galatams 6, 7 pasakyta: „Ką žmogus sėja, tai ir pjaus," norėdami patirti Dievo jėgos prisilietimą, turite uoliai lankyti bažnyčią. Atminkite, kad sėdami savo kūnu būsite palaiminti sveikata, o sėdami savo turtu būsite palaiminti turtu. Tad jeigu norėjote pjauti nesėdami, turite dėl to atgailauti.

Jono pirmas laiškas 1, 7 sako: „O jei vaikščiojame šviesoje, kaip ir jis yra šviesoje, mes bendraujame vieni su kitais, ir jo Sūnaus Jėzaus kraujas apvalo mus nuo visų nuodėmių." Be to, tikėdami Dievo pažadu Jono pirmame laiške 1:9, „Jeigu išpažįstame savo nuodėmes, jis ištikimas ir teisingas, kad atleistų mums nuodėmes ir apvalytų mus nuo visų nedorybių," ištirkite save, atgailaukite ir vaikščiokite šviesoje.

Patirkite Dievo gailestingumą, gaukite viską, ko prašote, ir tegul Jo jėga nužengia ant jūsų, kad būtumėte palaiminti ne tik sveikata, bet ir palaima visuose gyvenimo reikaluose, meldžiu mūsų Viešpaties Jėzaus Kristaus vardu!

9 skyrius
Dievo apreikšta ateitis

Pakartoto Įstatymo knyga 26, 16-19

*VIEŠPATS, tavo Dievas,
įsako tau šią dieną
vykdyti šiuos įstatus ir įsakus,
ištikimai vykdyti visa širdimi ir visa siela.
Šiandien tu patvirtinai,
kad VIEŠPATS yra tavo Dievas,
kad eisi jo keliais, laikysiesi jo įstatų,
įsakymų bei įsakų ir klausysi jo balso.
Šiandien ir VIEŠPATS patvirtino,
kaip yra tau pažadėjęs,
kad tu esi jo branginama tauta,
kuri laikysis visų jo įsakymų,
kad viršum visų savo sukurtų tautų
jis išaukštins tave gyriumi, garsu bei garbe
ir kad tu būsi šventa tauta VIEŠPAČIUI,
savo Dievui, kaip jis yra tau pažadėjęs*

Jei paklausčiau, kokia meilės forma aukščiausia, dauguma pasakytų, kad tėvų, ypač motinos meilė kūdikiui. Tačiau Izaijo knyga 49, 15 sako: „Ar gali moteris užmiršti savo mažylį, būti nešvelni savo įsčių sūnui? Net jeigu ji ir užmirštų, aš tavęs niekada neužmiršiu." Dievo meilė nepalyginamai pranoksta motinos meilę savo kūdikiui.

Mylintis Dievas nori, kad visi žmonės ne tik pasiektų išganymą, bet ir džiaugtųsi amžinuoju gyvenimu, palaiminimais ir malonumais didingame danguje. Todėl Jis išgelbėja savo vaikus iš išbandymų bei vargų ir nori suteikti jiems viską, ko jie prašo. Dievas veda kiekvieną iš mūsų, kad gyventume palaiminti ne tik šioje žemėje, bet būsimame amžinajame gyvenime.

Dievas per savo jėgos veikimą ir pranašystes su meile leido mums sužinoti Jo apvaizdos numatytą Manmin centrinės bažnyčios ateitį.

Dievo meilė trokšta išgelbėti visas sielas

Petro antrame laiške 3, 3-4 parašyta:

Pirmiausia turite žinoti, kad paskutinėmis dienomis pasirodys šaipūnai, kupini pajuokos. Jie gyvens savo geiduliais ir kalbės: „Kur jo pažadėtas atėjimas? Juk nuo to laiko, kai užmigo protėviai, visa pasilieka kaip buvę nuo sutvėrimo pradžios."

Daug žmonių netiki mumis, kai sakome, kad gyvename paskutiniais laikais. Saulė visada kilo ir leidosi, žmonės gimė ir mirė, o civilizacija žengė į priekį, todėl žmonės mano viskas taip ir tęsis.

Kaip ir žmogaus gyvenimas turi pradžią ir pabaigą, taip ir žmonijos istorija: jeigu ji turėjo pradžią, tikrai turės ir pabaigą. Kai ateis Dievo pasirinktas laikas, viskas šioje visatoje baigsis. Visi žmonės, gyvenę nuo Adomo laikų, stos į teismą. Priklausomai nuo to, kaip žmogus gyveno žemėje, jis pateks į dangų arba pragarą.

Žmonės, kurie tiki Jėzų Kristų ir gyvena pagal Dievo žodį eis į dangų, o tie, kas netiki net išgirdę evangeliją, kartu su tais, kurie gyvena ne pagal Dievo žodį, bet nuodėmėje ir piktybėse, nors ir išpažįsta tikėjimą Viešpačiu, eis į pragarą. Todėl Dievas nori kuo greičiau paskelbti evangeliją visam pasauliui, kad išgelbėtų dar bent vieną sielą.

Dievo jėgos veikimas laikų pabaigoje

Stebuklingos Dievo jėgos apreiškiamas ir veikimas yra Manmin centrinės bažnyčios įkūrimo priežastis. Dievas savo jėgos veikimu įrodo tikrojo Dievo buvimą ir apreiškia žmonėms, kad dangus ir pragaras tikrai yra. Kaip Jėzus sakė Evangelijoje pagal Joną 4, 48: „Kol nepamatysite ženklų ir stebuklų, jūs netikėsite," žmogaus protui nesuvokiamas Dievo jėgos veikimas ypač reikalingas mūsų laikais, kai nuodėmė ir piktybės klesti o mokslo žinių daugėja. Todėl amžių pabaigoje Dievas ugdo ir laimina nuolat augančia dieviška jėga Manmin bažnyčią.

Taip pat Dievo numatytas žmonijos ugdymas artėja į pabaigą. Kol ateis Dievo numatytas laikas, Jo jėga yra būtina priemonė, galinti išgelbėti visus žmones, kurie turi galimybę išsigelbėti. Tik su Jo jėga galime greičiau atvesti žmones į išganymą.

Atkaklūs persekiojimai ir spaudimas kai kuriose pasaulio dalyse labai apsunkina evangelijos skelbimą, ir ten yra labai daug žmonių, niekada negirdėjusių evangelijos. Net tarp išpažįstančiųjų tikėjimą mūsų Viešpačiu Jėzumi Kristų tikrai tikinčių žmonių ne tiek daug, kaip daugelis mano. Evangelijoje pagal Luką 18, 8 Jėzus klausia: „Bet ar atėjęs Žmogaus Sūnus beras žemėje tikėjimą?" daug žmonių lanko bažnyčią, bet beveik nesiskiria nuo pasauliečių, jie toliau gyvena nuodėmėje.

Tačiau net tose šalyse, kur krikščionybė žiauriai persekiojama, kai žmonės patiria Dievo jėgos veikimą, jie trykšta tikėjimu, nebijodami mirties, ir skelbia evangeliją. Žmonės, gyvenę nuodėmėje be tikro tikėjimo, įgauna stiprybės gyventi pagal Dievo žodį, kai tiesiogiai patiria gyvojo Dievo jėgą.

Daugelyje misionieriškų kelionių po visą pasaulį buvau šalyse, kur įstatymai draudžia skelbti evangeliją, ir valdžios institucijos persekioja bažnyčią. Pakistane ir Jungtiniuose Arabų Emyratuose, kur išpažįstamas islamas, ir Indijos valstijoje, kurioje dominuoja induizmas, mačiau, kaip, liudijant Jėzų Kristų, veikia gyvojo Dievo jėga, ir daugybė sielų atsivertė ir priėmė išgelbėjimą. Net stabų garbintojai, patyrę Dievo jėgos veikimą, priėmė Jėzų Kristų, nebodami teisinių pasekmių. Tai liudija Dievo jėgos didybę.

Kaip ūkininkas nuima derlių, pjūčiai atėjus, Dievas veikia antgamtiška jėga, kad išgelbėtų visas išganymui skirtas sielas paskutinėmis dienomis.

Paskutinių dienų ženklai, užrašyti Biblijoje

Net pagal Biblijoje užrašytą Dievo žodį galime pasakyti,

kad laikai, kuriais gyvename, yra netoli amžių pabaigos. Nors Dievas nepasakė tikslios datos, Jis kalba apie paskutinių dienų ženklus. Kaip galime tikėtis lietaus, kai debesys telkiasi, taip dabartiniai žmonijos istorijos įvykiai leidžia atpažinti paskutinių dienų artinimąsi pagal Biblijoje užrašytus jų ženklus.

Pavyzdžiui, Evangelijoje pagal Luką, 21-ame skyriuje parašyta: „O kai išgirsite apie karus ir maištus, nenusigąskite. Visa tai turi pirmiau įvykti, bet dar negreit galas" (9-a eilutė), ir „Šen ir ten bus didelių žemės drebėjimų, ligų ir badmečių. Bus baisenybių ir didelių ženklų iš dangaus" (11-a eilutė).

Antrame laiške Timotiejui 3, 1-5 parašyta:

Žinok, kad paskutinėmis dienomis užeis sunkūs laikai, nes žmonės bus savimylos, godūs pinigų, pasipūtę, išdidūs, piktžodžiautojai, neklusnūs gimdytojams, nedėkingi, nedorėliai, nemeilūs, nesutaikomi, šmeižikai, nesusivaldantys, šiurkštūs, storžieviai, nekenčiantys to, kas gera, išdavikai, pramuštgalviai, pasipūtėliai, labiau linkę į malonumus negu į Dievą, dedąsi maldingi, bet atsižadėję maldingumo jėgos. Tu saugokis tokių žmonių!

Šiandien daug nelaimių ir ženklų vyksta visame pasaulyje, o žmonių širdys ir mintys piktėja. Kiekvieną savaitę gaunu pranešimų apie pasaulyje įvykusias nelaimes santrauką, ir tragedijų skaičius nuolat auga. Pasaulyje labai daug nelaimių, tragedijų ir piktų darbų.

Tačiau žmonės nepaiso šių įvykių ir nelaimių, kaip jau buvo kadaise. Jie girdi tiek daug pranešimų apie visokiausias tragedijas, kad atbuko visoms nelaimėms. Daugelis nebekreipia dėmesio į žiaurius nusikaltimus, didelius karus, gaivalines nelaimes ir žvėriškumų bei katastrofų aukas. Žiniasklaida kasdien praneša apie tokius įvykius, tačiau daugumai žmonių, kurie ir kurių artimieji to neatyrė, jie nelabai reikšmingi ir greitai pamirštami.

Matydami, kaip klostosi istoriniai įvykiai, žmonės, kurie budi ir palaiko ryšį su Dievu, vienu balsu liudija, kad Viešpaties atėjimas visai arti.

Pranašystės apie amžių pabaigą ir Dievo apvaizda Manmin centrinei bažnyčiai

Dievo apreikštos pranašystės Manmin bažnyčiai liudija, kad artėja amžių pabaiga. Nuo Manmin įkūrimo iki šios dienos Dievas išpranašavo prezidento ir parlamento rinkimų rezultatus, svarbių ir gerai žinomų Korėjoje ir užsienyje asmenybių mirtį ir daug kitų įvykių, lemiančių pasaulio istoriją.

Daugeliu atvejų aš užrašydavau šią informaciją akronimais mūsų bažnyčios savaitraštyje. Jeigu informacija būdavo neviešintina, atskleisdavau ją tik keliems patikimiems žmonėms. Pastaraisiais metais iš sakyklos paskelbiau kelias pranašystes apie Šiaurės Korėją, Jungtines Valstijas ir pasaulio įvykius.

Dauguma pranašysčių jau išsipildė, o svarbių įvykių pranašystės, kurios dar neišsipildė, jau pildosi arba netrukus išsipildys. Svarbus faktas yra tai, kad dauguma būsimų įvykių pranašysčių, kurios dar išsipildys, yra susiję su paskutinėmis dienomis. Viena iš jų yra Dievo apvaizda Manmin centrinei bažnyčiai. Žemiau išdėsčiau kelias svarbias pranašystes.

Pirma pranašystė: apie Šiaurės ir Pietų Korėjos valstybių santykius.

Dievas apreiškė Manmin bažnyčiai daug dalykų apie Šiaurės Korėją, nes mes turime pašaukimą evangelizuoti Šiaurės Korėją paskutinėmis dienomis. 1983 metais Dievas pasakė mums apie būsimą Šiaurės ir Pietų Korėjos valstybių vadovų susitikimą ir jo rezultatus. Netrukus po susitikimo Šiaurės Korėja turėjo trumpam atverti savo duris pasauliui, bet greitai vėl jas uždaryti. Dievas pasakė mums, kad Šiaurės Korėjai atsivėrus, šventumo ir Dievo jėgos evangelija įžengs į šią šalį, ir paskui vyks jos evangelizacija. Dievas liepė mums atsiminti, kad Viešpats ateis po to, kai Šiaurės ir Pietų Korėjos pasireikš tam tikru būdu. Dievas liepė man dviejų Korėjos valstybių pasireiškimą tam tikru būdu laikyti paslaptyje, todėl dar negaliu atskleisti šios informacijos. Kaip dauguma iš jūsų žino, susitikimas tarp dviejų Korėjos valstybių vadovų įvyko 2000 metais. Turbūt nujaučiate, kad Šiaurės Korėja, pasiduodama tarptautiniam spaudimui, netrukus atvers savo duris.

Antra pranašystė: apie pašaukimą pasaulinei misijai.

Dievas paruošė Manmin bažnyčią ir pasiuntė į visą pasaulį vykdyti evangelizacines kampanijas, kuriose dalyvavo dešimtys ir šimtai tūkstančių, net milijonai žmonių, Jis palaimino mus greitu pasaulio evangelizavimu Jo stebuklinga jėga. Mes surengėme Šventos evangelijos skelbimo kampaniją Ugandoje, apie kurią visam pasauliui pranešė naujienų kanalas Cable News Network (CNN); Evangelizacinę maldų už išgydymus kampaniją Pakistane, kuri sukrėtė islamo pasaulį ir atvėrė duris misionieriškai veiklai Viduriniuose Rytuose; Šventos evangelijos skelbimo kampaniją Kenijoje, kur daugybė ligonių buvo pagydyti nuo visokiausių ligų, įskaitant AIDS; Jungtinę maldų už išgydymą evangelizacinę kampaniją Filipinuose, kur galingai veikė Dievo jėga; Stebuklingų išgydymų evangelizacinę kampaniją Hondūre, sukėlusią Šventosios Dvasios uraganą; Stebuklingų išgydymų maldos šventę Indijoje, didžiausioje pasaulyje induistų šalyje, kur virš trijų milijonų žmonių susirinko į keturių dienų evangelizacinę kampaniją. Visos šios evangelizacinės kampanijos padės Manmin bažnyčiai pasiekti Izraelį, galutinį tikslą.

Dievas pagal savo didį žmonijos ugdymo planą sukūrė Adomą ir Ievą, ir gyvybei prasidėjus šioje žemėje, žmonija dauginosi. Dievas iš daugybės genčių išsirinko vieną tautą, Izraelį, Jokūbo palikuonis. Dievas norėjo per Izraelio tautos istoriją apreikšti savo šlovę ir žmonijos ugdymo apvaizdą ne tik žydams, bet visoms žemės tautoms. Žydų tauta mums yra žmonijos ugdymo pavyzdys, o Izraelio, kurį valdo pats Dievas, istorija, yra ne tik vienos valstybės istorija, bet ir Dievo žinia visai žmonijai. Be to, prieš baigdamas žmonijos ugdymą, prasidėjusį nuo Adomo, Dievas panoro sugrąžinti evangeliją Izraeliui, iš kurio ji kilo. Tačiau Izraelyje darosi vis sunkiau suorganizuoti krikščioniškus susirinkimus ir skelbti evangeliją. Izraelyje reikia Dievo jėgos, sudrebinančios dangų ir žemę, ir šiems Dievo apvaizdos numatytiems darbams Jis pašaukė Manmin bažnyčią paskutinėmis dienomis.

Dievas per Jėzų Kristų įvykdė žmonijos išgelbėjimo planą, ir dovanojo amžinąjį gyvenimą visiems, kas priima Jėzų Kristų kaip savo Išganytoją. Dievo išrinktoji Izraelio tauta, deja, nepripažino Jėzaus Mesiju. Iki pat tos akimirkos, kai Dievo vaikai bus pakelti į orą, Izraelio tauta nesupras išgelbėjimo per Jėzų Kristų apvaizdos.

Paskutinėmis dienomis Dievas nori, kad Izraelio žmonės atgailautų ir priimtų Jėzų kaip savo Gelbėtoją, kad būtų išganyti. Todėl Dievas leido šventumo evangelijai pasklisti Izraelyje per kilnų pašaukimą, suteiktą Manmin bažnyčiai. Misionieriška veikla Vidurio Rytų šalyse buvo pradėta 2003 metų balandį, ir pagal Dievo valią Manmin bažnyčia specialiai pasiruoš misijai Izraelyje ir įvykdys Dievo apvaizda numatyta planą.

Trečioji pranašystė: apie Didžiosios šventyklos pastatymą.

Netrukus po Manmin bažnyčios įkūrimo, kai Dievas apreiškė savo paskutinių dienų apvaizdą, Jis pašaukė mus pastatyti Didžiąją šventyklą, kuri atskleis Dievo šlovę visoms pasaulio tautoms.

Senojo Testamento laikais buvo galima užsitarnauti išgelbėjimą darbais. Net jeigu žmogus neatsikratydavo nuodėmės savo širdyje, bet nepadarydavo jos, jis būdavo išgelbėjamas. Senojo Testamento laikų Šventykloje Dievas buvo garbinamas tik darbais pagal Įstatymo nurodymus.

Tuo tarpu Naujojo Testamento laikais Jėzus atėjo ir meile įvykdė Įstatymą, ir mes įgyjame išgelbėjimą savo tikėjimu į Jėzų Kristų. Šventykla, kurios Dievas trokšta Naujojo Testamento laikais, bus pastatyta ne tik darbu, bet ir širdimi. Šią šventyklą pastatys ištikimi Dievo vaikai, kurie atmetė nuodėmę, su Dievo meilės pašventinta širdimi. Štai kodėl Dievas leido sugriauti Senojo Testamento laikų šventyklą ir panorėjo naujos šventyklos, turinčios tikrą dvasinę reikšmę.

Todėl žmonės, kurie statys Didžiąją šventyklą turi būti pripažinti tinkamais Dievo akyse. Jie turi būti Dievo vaikai, apipjaustę savo širdį, pilni tikėjimo, vilties ir meilės. Kai matys Didžiąją šventyklą, Jo pašventintų vaikų pastatytą, Dievas džiaugsis ne tik jos išvaizda. Žvelgdama į Didžiąją šventyklą Dievas prisimins jos statymo procesą ir visus ištikimus savo vaikus, kurie yra Jo ašarų, aukos ir kantrybės vaisiai.

Didžioji šventykla turi gilią prasmę. Ji bus žmonijos ugdymo monumentas ir Dievo paguodos simbolis, pjūčiai pasibaigus. Ji bus statoma paskutinėmis dienomis, nes tai didingas pastatas, atskleisiantis Dievo šlovę visoms pasaulio tautoms. 600 metrų skersmens ir septyniasdešimties metrų aukščio Didžioji šventykla yra didžiulis pastatas, kuris bus pastatytas iš įvairiausių nuostabių, retų ir brangių

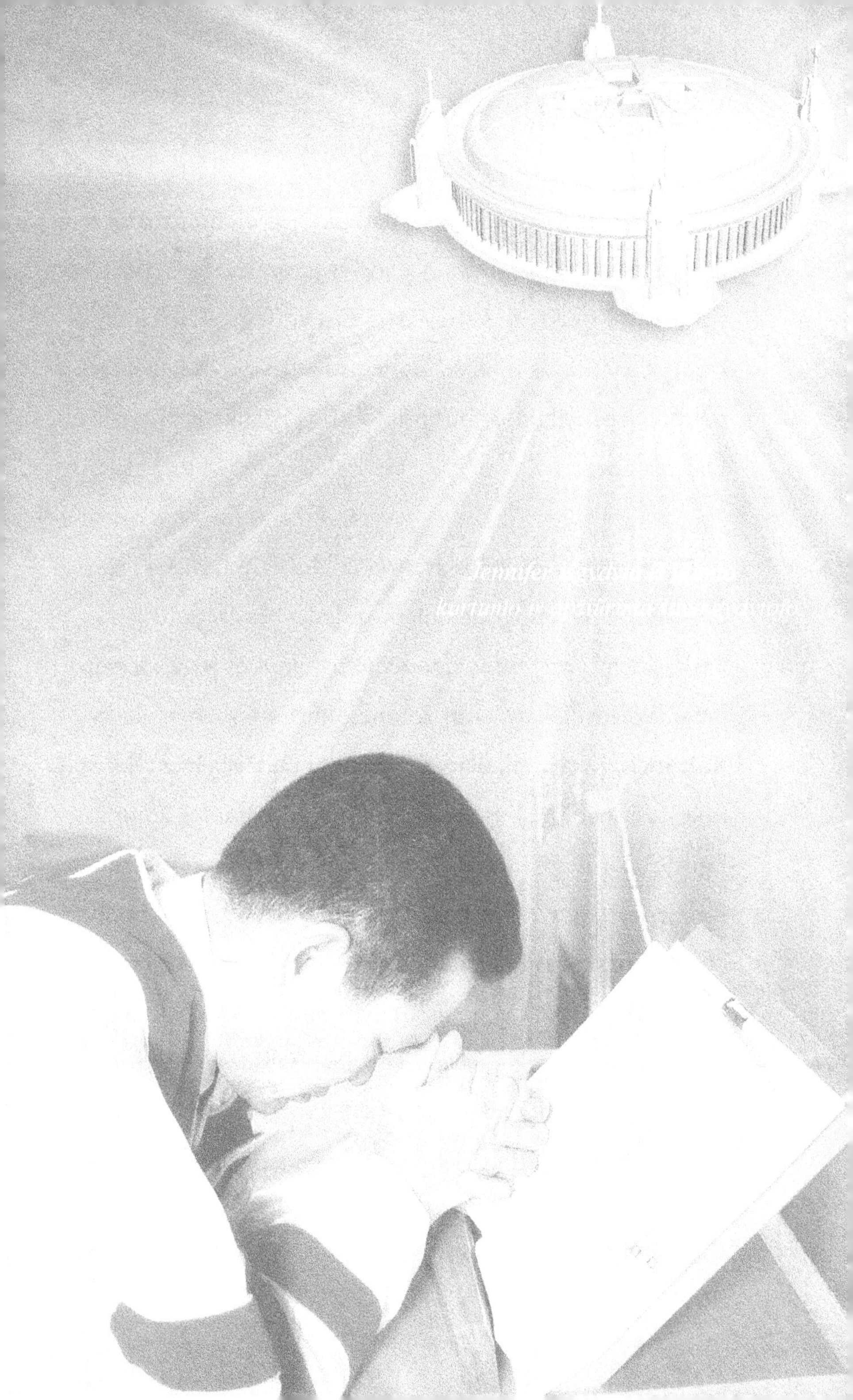

Jennifer Maylina as I wish
kurunta toyhina mer tlis nyanyon

medžiagų, ir visuose jos konstrukcijos elementuose ir papuošimuose atsispindės Naujosios Jeruzalės šlovė, visatos sukūrimas per šešias dienas ir Dievo jėga. Didžiosios šventyklos vaizdas įkvėps žmonėms Dievo didybės ir šlovės pojūtį. Net netikintieji bus priblokšti ją pamatę ir pripažins Dievo garbę.

Galiausiai Didžiosios šventykla bus kaip laivas, kuriuo bus išgelbėtos nesuskaičiuojamos daugybės žmonių sielos. Paskutinėmis dienomis nuodėmė ir piktybės įsigalės, kaip buvo Nojaus laikais. Kai žmonės, kuriuos Viešpats laikys tinkamais, Dievo vaikų atvesti, įžengs į Didžiąją šventyklą ir įtikės Viešpatį, jie bus išgelbėti. Didžiulės minios žmonių, išgirdę apie Dievo šlovę ir jėgą, atvyks patys tuo įsitikinti. Kai jie ateis, išvys daug antgamtiškos Dievo jėgos darbų. Jie bus mokomi dvasinės karalystės paslapčių ir sužinos Dievo, kuris trokšta išsiugdyti panašių į save vaikų, valią.

Didžioji šventykla pasitarnaus kaip šaltinis paskutiniam pasaulinio evangelijos skelbimo tarpsniui prieš mūsų Viešpaties sugrįžimą. Taip pat Dievas pasakė Manmin bažnyčiai, kad kai ateis laikas pradėti Didžiosios šventyklos statybą, Jis atsiųs į pagalbą karalius ir turtingus bei didelę valdžią turinčius žmones.

Dievas apreiškė daug pranašysčių apie paskutines sienas ir savo apvaizdą Manmin centrinei bažnyčiai nuo pat jos įkūrimo. Jis ir toliau veikia savo nuolat augančia jėga ir įvykdo savo žodį. Per visą Manmin bažnyčios istoriją Dievas pats vedė mus, kad vykdytume Jo apvaizdos planą. Jis ves mus iki pat mūsų Viešpaties sugrįžimo akimirkos, kad įvykdytume visas Jo paskirtas užduotis ir atskleistume Viešpaties šlovę visame pasaulyje.

Evangelijoje pagal Joną 14, 11 Jėzus pasakė: „Tikėkite manimi, kad aš esu Tėve ir Tėvas manyje. Tikėkite bent dėl pačių darbų!" Pakartoto Įstatymo knyga 18, 22 sako: „Jeigu pranašas kalba VIEŠPATIES vardu, bet pranašavimas neišsipildo ar nepasitvirtina, to pranašavimo VIEŠPATS nėra ištaręs. Pranašas bus kalbėjęs, įžūliai savimi pasitikėdamas, todėl dėl jo nenuogąstauk." Viliuosi, kad jūs suprasite Dievo apvaizdą
 per nepaprastą Dievo jėgos veikimą ir pranašystes

Manmin centrinėje bažnyčioje.

Vykdydamas savo apvaizdos planą per Manmin centrinę bažnyčią paskutinėmis dienomis, Dievas ne staiga atsiuntė prabudimą į mūsų bažnyčią ir suteikė jai jėgos. Viešpats ugdė mus daugiau negu dvidešimt metų. Kaip lipat į aukštą ir statų kalną ir buriuojant per aukštas bangas šėlstančioje jūroje, Jis daug kartų vedė mus per išbandymus ir per žmones, išlaikiusius šiuos išbandymus, paruošė mūsų bažnyčią pasaulinei misijai.

Tas pats galioja ir jums visiems. Tikėjimas, leidžiantis įžengti į Naująją Jeruzalę neatsiranda ir neužauga akimirksniu; jūs turite visada budėti ir ruoštis mūsų Viešpaties sugrįžimo dienai. Svarbiausia sugriauti visas nuodėmės sienas ir su nesvyruojančiu karštu tikėjimu bėgti link dangaus. Kai jūs eisite į priekį su neblėstančiu ryžtu, Dievas neabejotinai palaimins jūsų sielą sveikata ir suteiks tai, ko trokšta jūsų širdis. Dar daugiau, Dievas suteiks jums dvasinę stiprybę ir valdžią bei panaudos jus kaip brangius savo apvaizdos indus paskutinėmis dienomis.

Tegul kiekvienas iš jūsų tvirtai ir aistringai laikosi savo tikėjimo, kol Viešpats sugrįš, ir visi mes susitiksime amžinajame danguje ir Naujosios Jeruzalės mieste, meldžiu mūsų Viešpaties Jėzaus Kristaus vardu!

Autorius
Dr. Jaerock Lee

Dr. Jaerock Lee gimė 1943 metais Korėjos Respublikos Kjong-nam provincijos Muano mieste. Būdamas dvidešimties jis jau septynerius metus sirgo daugybe nepagydomų ligų ir laukė mirties, neturėdamas vilties pasveikti. Tačiau 1974 metais jo sesuo nusivedė jį į vieną bažnyčią, ir kai jis atsiklaupė pasimelsti, Gyvasis Dievas iš karto išgydė jį nuo visų ligų.

Nuo tos akimirkos, kai dr. Lee susitiko Gyvuoju Dievu, jis pamilo Dievą visa savo širdimi ir 1978 m. jis buvo pašauktas Dievo tapti Jo tarnu. Jis karštai meldėsi, norėdamas aiškiai sužinoti Dievo valią, visiškai ją įvykdyti ir paklusti visam Dievo Žodžiui. 1982 m. jis įsteigė Manmin centrinę bažnyčią Seule, Korėjoje, ir nuo to laiko joje vyksta nesuskaičiuojami Dievo darbai – antgamtiški išgydymai ir stebuklai.

1986 m. kasmetinės Korėjos Jėzaus Bažnyčios „Sungkiul" asamblėjos metu dr. Lee buvo įšventintas pastoriumi, o 1990 m. – praėjus tik ketveriems metams – jo pamokslai buvo transliuojami Australijoje, Rusijoje, Filipinuose ir daugelyje kitų šalių Tolimųjų Rytų radijo transliacijų kompanijos, Azijos radijo transliacijų stoties ir Vašingtono krikščionių radijo sistemos dėka.

Po trejų metų, 1993, Manmin centrinė bažnyčia buvo išrinkta Amerikos žurnalo „Christian World" viena iš „50 geriausių pasaulio bažnyčių", ir jis gavo teologijos garbės daktaro laipsnį Krikščionių Tikėjimo Koledže, Floridoje, JAV, o 1996 m. Teologijos seminarijos „Kingsway" (Ajova, JAV), tarnautojo daktaro laipsnį.

Nuo 1993 m. dr. Lee tapo pasaulinių misijų lyderiu, rengdamas daug evangelizacinių kampanijų Tanzanijoje, Argentinoje, Los Andžele, Baltimorėje, Havajuose, Niujorke, Ugandoje, Japonijoje, Pakistane, Kenijoje, Filipinuose, Hondūre, Indijoje, Rusijoje, Vokietijoje, Peru, Kongo Demokratinėje Respublikoje, Izraelyje ir Estijoje.

2002 m. Korėjos pagrindinių krikščioniškų laikraščių už savo veiklą įvairiose Didžiosiose jungtinėse evangelizacinėse kampanijose jis buvo pavadintas „pasaulinio masto pastoriumi". Jis surengė „Niujorko evangelizacinę kampaniją 2006" garsiausioje pasaulio arenoje „Madison Square Garden." Šis renginys buvo transliuojamas 220 tautų, o savo „Izraelio vieningoje evangelizacinėje kampanijoje 2009", kuri vyko Jeruzalės tarptautiniame konvencijų centre (ICC), jis drąsiai skelbė, kad Jėzus Kristus yra Mesijas ir Gelbėtojas.

Jo pamokslai transliuojami į 176 šalis per palydovus, įskaitant GCN TV. Populiarus Rusijos krikščioniškas žurnalas „Pergalėje" ir naujienų agentūra „Christian Telegraph" už jo tarnystę per TV ir misionierišką veiklą įtraukė jį į įtakingiausių krikščionių vadovų dešimtuką 2009 ir 2010 metais.

2013 metų gegužės mėnesio duomenimis, Manmin Centrinei Bažnyčiai priklauso daugiau negu 120 000 narių. Visame pasaulyje yra 10 000 dukterinių bažnyčių, įskaitant 56 vietos bažnyčias, daugiau negu 129 misionieriai buvo paskirti darbui 23 šalyse, įskaitant Jungtines Valstijas, Rusiją, Vokietiją, Kanadą, Japoniją, Kiniją, Prancūziją, Indiją, Keniją ir daug kitų šalių.

Šios knygos išleidimo metu, Dr. Lee buvo parašęs 60 knygas, įskaitant bestselerius „Patirti amžinąjį gyvenimą anksčiau už mirtį", „Mano gyvenimas, mano tikėjimas 1 ir 2", „Kryžiaus žinia", „Tikėjimo mastas", „Dangus 1 ir 2", „Pragaras" ir „Dievo jėga". Jo darbai išversti daugiau negu į 44 kalbas.

Jo krikščioniški straipsniai yra spausdinami šiuose leidiniuose: „The Hankook Ilbo", „The JoongAng Daily", „The Dong-A Ilbo", „The Munhwa Ilbo", „The Seoul Shinmun", „The Kyunghyang Shinmun", „The Hankyoreh Shinmun", „The Korea Economic Daily", „The Korea Herald", „The Shisa News" ir „The Christian Press".

Šiuo metu Dr. Lee yra daugelio misijų organizacijų ir asociacijų vadovas: Jėzaus Kristaus jungtinės šventumo bažnyčios pirmininkas, Manmin pasaulinės misijos pirmininkas, Pasaulinės krikščionybės prabudimo misijų asociacijos nuolatinis pirmininkas, Manmin, Globalaus krikščionių tinklo (GCN) steigėjas ir tarybos pirmininkas, Pasaulio krikščionių gydytojų tinklo (WCDN) steigėjas ir tarybos pirmininkas, Tarptautinės Manmin seminarijos (MIS) steigėjas ir tarybos pirmininkas.

Kitos vertingos to paties autoriaus knygos

Dangus (1 ir 2 dalys)

Žavios gyvenimo aplinkos, kurioje gyvena Dangaus piliečiai, detalus aprašymas ir puikus skirtingų dangaus karalystės lygių pavaizdavimas.

Mano Gyvenimas, Mano Tikėjimas (1 ir 2 dalys)

Gardžiausias dvasinis aromatas, sklindantis iš gyvenimo, kuris tamsių bangų, šalto jungo ir neapsakomos nevilties laikais žydėjo neprilygstama meile Dievui.

Patirti Amžinąjį Gyvenimą Anksčiau už Mirtį

Dr. Džeiroko Li, kuris buvo gimęs iš naujo, išgelbėtas iš mirties šešėlio slėnio ir gyvena pavyzdingą krikščionišką gyvenimą, liudijimo memuarai.

Tikėjimo Saikas

Kokia buveinė, karūna ir apdovanojimai laukia jūsų Danguje? Ši knyga išmintingai ir kryptingai padės jums nustatyti savo tikėjimo saiką ir išugdyti geriausią ir brandžiausią tikėjimą.

Pragaras

Nuoširdus pamokslas visiems žmonėms nuo paties Dievo, kuris nori, kad nei viena siela nepatektų į pragaro gelmes! Sužinosite apie visai jums nepažįstamą pragaro gelmių realybę.

www.urimbooks.com

www.ingramcontent.com/pod-product-compliance
Lightning Source LLC
LaVergne TN
LVHW021812060526
838201LV00058B/3348